LA FAMILLE

DU MÊME AUTEUR

Le Jansénisme, entre hérésie imaginaire et résistance catholique (XVIIe-XIXe siècle), Cerf/Fides, coll. « Bref », 1996

Les Amis de l'Œuvre de la Vérité. Jansénisme, miracles et fin du monde au XIXe siècle, Presses universitaires de Lyon, 1998

Les Marges du christianisme. « Sectes », dissidences, ésotérisme, (dir.), Beauchesne, coll. « Dictionnaire du monde religieux dans la France contemporaine », t.10, 2001

Des « sectes » dans la France contemporaine, 1905-2000. Contestations ou innovations religieuses ?, Privat, 2004

Le régime concordataire français. La collaboration des Églises et de l'État, 1802-1905, Beauchesne, coll. « Bibliothèque Beauchesne », 2010

Il était une croix, ou la curieuse et édifiante histoire du crucifiement de la Tiennon en 1787, et ses suites..., Éditions du Poutan, 2014

De sectes en hérésies. Étapes d'une réflexion sur la dissidence religieuse à travers les âges, Presses universitaires de Lyon, coll. « Faits de religion », 2018

Catholiques malgré Rome. Des croyants infidèles en France. XIXe-XXIe siècle, Cerf, 2022

JEAN-PIERRE CHANTIN

LA FAMILLE

UNE DISSIDENCE CATHOLIQUE AU CŒUR DE PARIS
XVIIe-XXIe SIÈCLE

PLEIN JOUR

www.editionspleinjour.fr

Les livres Plein Jour sont commercialisés
en partenariat avec la S.N. Anne Carrière.

ISBN 978-2-37067-075-5

« L'ignorant affirme, le savant doute, le sage réfléchit. »
Aristote, *Éthique à Nicomaque*, Livre IV.

Une pensée à ma propre famille,
au moment où le pilier qu'a été ma mère
est parti vers d'autres cieux...

Généalogie des groupes port-loyalistes

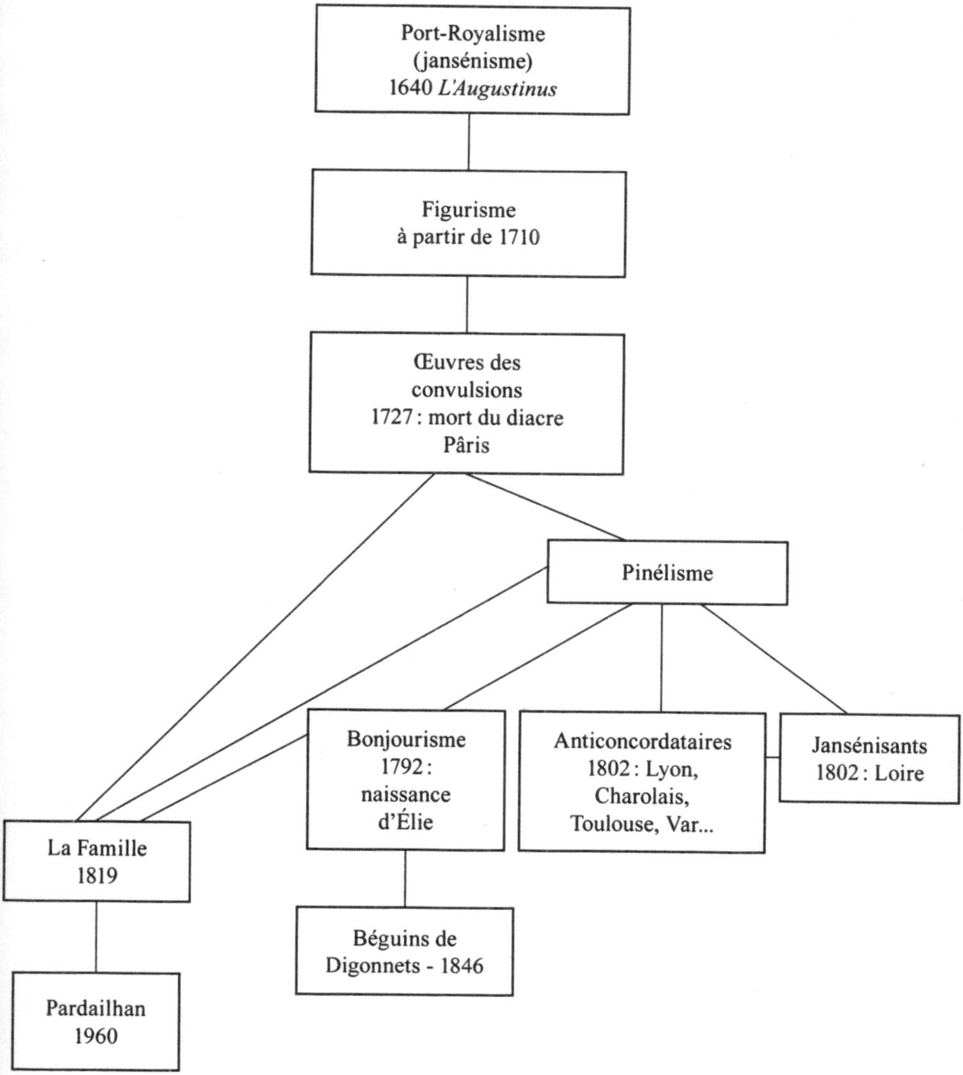

Avant-propos

Mon intérêt pour « La Famille »* est né au tout début du mois de septembre 2015 lorsque j'ai reçu le courriel d'une journaliste travaillant pour une grande chaîne de télévision française : elle m'interrogeait pour une enquête qu'elle menait sur « les mouvements sectaires en France » et voulait avoir des renseignements sur deux familles appartenant à l'un de ces mouvements dont elle me donnait le nom : La Famille, justement.

J'ai d'abord confondu avec un autre groupe que l'on désigne aussi ainsi, né en Californie en 1968 et qui, implanté en France comme « Enfants de Dieu », avait été dissous dix ans plus tard pour « racolage et prostitution », car ses adeptes femmes y étaient incitées à s'offrir sexuellement afin d'attirer de nouveaux membres. Il s'était ensuite reconstitué sous ce nouveau nom de La Famille (ou « La Famille internationale »), et bien d'autres d'ailleurs. J'avais donc renvoyé mon interlocutrice vers un confrère plus spécialisé dans cet ensemble de mouvements, mais celui-ci, qui n'avait pas d'information, avait insisté pour qu'elle revienne vers moi, ce qu'elle fit en

* J'arrête ici l'usage des guillemets pour désigner le groupe dont il est question. Par la suite, je laisserai simplement les capitales.

évoquant cette fois la « communauté de Pardailhan ». Ce fut le déclic. Je connaissais l'histoire de ce groupe de Parisiens qui étaient allés établir un kibboutz en Haut-Languedoc au début des années 1960, ce qui avait provoqué un intérêt médiatique, et je savais qu'il se rattachait à une mouvance que j'avais étudiée pour écrire ma thèse, issue, pour faire simple, du grand mouvement janséniste de l'Ancien Régime (les spécialistes disent « port-royaliste », nous y reviendrons). Des collègues universitaires parisiens m'avaient déjà raconté qu'ils recevaient de temps à autre des étudiants qui se réclamaient de ce lointain héritage. J'avais également appris que des archives parisiennes qui le concernaient avaient été vendues à la bibliothèque municipale de Lyon vers 1980. J'avais d'ailleurs patiemment parcouru ces 180 volumes... Et puis, en 2008, une personne m'avait contacté pour avoir des renseignements sur l'une de ces familles qui l'avait sauvée des persécutions antisémites avec ses parents et son frère pendant la Seconde Guerre mondiale, et avait été reconnue « Juste parmi les Nations » par l'institut Yad Vashem de Jérusalem en 1996.

Depuis lors, les propositions d'intervention, les témoignages et les documents ont afflué, car il apparaît que je suis l'un des seuls à avoir travaillé scientifiquement sur ces jansénistes tardifs, ce qui a continué à aiguiser ma curiosité, comme tout chercheur qui se respecte. Mais la voie s'est ouverte au-delà de ce qui n'était pour moi qu'un simple surgeon port-royaliste perdu en plein XXIe siècle à Paris, ce qui était déjà fort étonnant. Emmanuel Laurentin s'était montré surpris lorsque j'avais évoqué cette communauté à son micro de *La Fabrique de l'histoire* sur France Culture en mars 2019. Comme le premier courriel me l'avait montré, on qualifiait ce groupe religieux de « mouvement sectaire ». Le chercheur tire toujours un fil et s'attaque assez vite à la pelote, chaque nœud ou accident de parcours l'emmenant vers d'autres pelotes, des horizons de moins en moins proches, autant de petits sauts de côté qui ponctuent un parcours. Or mes travaux de doctorat m'avaient conduit à élargir mes recherches aux dissidences contemporaines du catholicisme, puis à leurs relations compliquées avec les autorités, religieuses, bien sûr, mais aussi politiques (d'où un volet « laïcité » à mon tricot déjà fourni), et enfin, de fil en aiguille, si je puis dire, à toucher la question sensible et très discutée des « sectes » (avant d'être sollicité à propos de la « radicalisation », signe des temps...).

Pour résumer, nous sommes en présence d'un petit groupe religieux qui est difficilement identifiable et dont on ne connaît pas exactement le nombre de membres : le chiffre de 3 000, et jusqu'à 4 000, a été avancé dans les dernières parutions à son sujet sans beaucoup de preuves convaincantes*. Surtout, la plupart vivent discrètement dans l'Est parisien depuis la toute fin du XVIIIe siècle, période à laquelle ils se sont séparés de l'Église romaine pour s'engager dans l'attente de la fin du monde.

* Suzanne Privat l'établit à partir d'un nombre d'abonnés au téléphone, qu'elle multiplie par un nombre moyen d'enfants (*La Famille. Itinéraires d'un secret*, Paris, éd. Les Avrils, 2021). D'autres évoquent un chiffre établi par les services sociaux, ou le ministère de l'Intérieur, sans plus de détails.

Ils associent donc des pratiques catholiques à d'autres qui leur sont propres ; l'un de leurs chefs de la fin du XIXe siècle a restreint leur groupe à la dizaine de familles qui compose l'ensemble, dénommé dès lors La Famille, et a formulé un nombre de règles de vie strictes qu'ils respectent toujours, ou peu s'en faut.

L'occasion de réunir plusieurs de mes sujets d'intérêt m'est fournie aujourd'hui par la (re)découverte médiatique en 2019-2020 de l'existence de ce groupe, La Famille, « en plein cœur de Paris » et depuis deux siècles, sans qu'on n'ait jamais soupçonné sa présence. Une sorte de monstre du Loch Ness moderne, mais au cœur de la civilisation urbaine et métropolitaine, est apparu sous le nez de quelques journalistes de la capitale ébahis. Devant l'avalanche d'articles et d'émissions, puis de livres, ponctués parfois de commentaires au mieux naïfs, désobligeants au pire ou simplement maladroits, sans compter quelques (rares) erreurs ou (pas mal) d'oublis, et un manque de recul et d'analyse historique certain, je me suis dit qu'il était sans doute temps que le chercheur que je suis fasse davantage connaître son travail, ou mieux son expertise, et sans parti pris, ce qui est en principe le b.a.-ba du métier.

Alors... est-ce que La Famille est une « secte » ? Ça dépend...

La Famille, découverte par les médias

À l'origine : Facebook

Tout a commencé par l'ouverture d'un compte sur Facebook, passage obligé de la communication d'aujourd'hui prise dans les filets d'une nouvelle modernité avide de rapidité. Un étudiant me l'avait signalé au début de l'année 2020, car on y trouvait mes sujets de prédilection. Son nom, imprononçable, était alors composé de ceux des huit familles qui composent aujourd'hui La Famille : « Fertthiboutsandozhavet Pulinsanglierde chelettemaitre » ! Il est devenu en juillet, après semble-t-il quelques ennuis avec les familles citées : « Pierre Paul Lafamille (la famille) ».

Je suis bien évidemment devenu « ami », et suis entré en contact avec certains de ses concepteurs, qui se révélèrent être, comme ils se présentent eux-mêmes, d'« anciens membres de la secte », quoiqu'il soit parfois affirmé que quelques-uns en fassent toujours partie. Ce qu'ils appellent leur « combat » est clairement et honnêtement annoncé : ils entendent « démontrer aux jeunes générations la folie et l'aberration de ce groupe fanatique » et « aider au développement de l'esprit ». Le 31 mars, par exemple, ils déclarent :

« Pour que la secte nommée “La Famille” évolue et prenne conscience du mal qu’elle peut engendrer... Et surtout pour que les jeunes générations et celles à venir sachent dans quel milieu ils vivent et qu’ils ne sont plus seuls... STOP aux mensonges, STOP à l’endoctrinement des enfants à qui l’on vole leur liberté de penser, STOP au chantage affectif, STOP à cette fermeture avec “le monde extérieur”, STOP aux non-dits, STOP à la détresse et à la souffrance des familles de ceux qui ont eu, par choix ou non, l’intelligence et la grâce de quitter cette secte ! »

La démarche est décrite comme « bienveillante », respectueuse des croyances. Les auteurs donnent ainsi l’impression qu’ils sont plutôt des réformateurs qui, sans remettre en cause l’existence même de La Famille, souhaitent que le groupe se débarrasse de ses abus ; pêle-mêle sont cités un endoctrinement des enfants, les dangers de la consanguinité, l’alcoolisme ambiant, voire des abus sexuels. Mais on sent bien qu’à ce sujet il y a différents niveaux d’appréciation parmi les rédacteurs. La stratégie privilégie la publication de tout ce qui concerne de près ou de loin le groupe. Au fil des « posts » apparaissent donc des liens vers des interventions ou des écrits à propos du jansénisme et ses avatars, des notices du site Wikipédia sur « secte », « religion » ou « convulsionnaires », des informations ou témoignages sur des cas jugés semblables (les Témoins de Jéhovah)... Surtout, et afin de « lever un tabou sur un secret qui est à l’origine du problème », l’initiative a été prise de publier des centaines de documents qui viennent du groupe lui-même, sans commentaire, comme il est souligné ; afin que soit mieux comprise « la création de la secte pour qu'elle évolue et prenne conscience du mal qu'elle peut engendrer ».

Le chercheur que je suis s'est délecté de cette source jusque-là peu accessible. On y trouve des discours d'inspirés du XVIIIe siècle, dont un sur « les règles de conduite » du « frère Ismaël », et des « messages » reçus de manière surnaturelle, apparemment jusqu'à très récemment (2002), de très nombreuses prières ou des cantiques dont certains font référence au « saint prophète Élie » (dit aussi « enfant Lili », né en 1792), des déroulés de cérémonies, des témoignages du XIXe siècle qui permettent de reconstituer en partie l'histoire du groupe, des éléments de généalogie, quelques portraits ou photographies de personnages importants du XIXe siècle, entre autres. S'y ajoutent des citations-messages de Platon, de Jacques Prévert et de l'écrivain suisse Rodolphe Töpffer, une note d'information de la Miviludes (Mission interministérielle de vigilance et de lutte contre les dérives sectaires) de 2017 à propos de La Famille, et des articles ou des liens vers des émissions qui évoquent le kibboutz de Pardailhan ou d'autres expériences. Tout ceci est très fourni et la démarche fort louable : comme il est précisé que les textes divulgués n'appartiennent à personne en particulier, puisqu'ils sont recopiés et transmis à tous les membres, on peut penser que l'initiative n'a pas été très appréciée en interne. D'ailleurs, la création d'une page Wikipédia à l'été 2020 intitulée « La Famille (communauté religieuse) », assez proche dans son contenu du groupe Facebook, a, dès l'origine, été la cible de multiples interventions pour en changer le contenu, notamment, comme le montre la rubrique « Voir l'historique », celles d'un groupe qui, le 18 août, a tenté « de caviarder les informations gênantes ».

Les commentaires externes qui accompagnent les messages sont eux aussi fort instructifs. Ils viennent de quatre types « d'amis Facebook ».

Tout d'abord un groupe de membres, encore dans La Famille, s'insurge contre cette initiative, de manière plus ou moins polie, accusant les « sortis » de mettre les projecteurs sur eux de façon fort déplaisante, en les stigmatisant aux yeux de tous ; entre autres reproches récurrents, ils déplorent « une telle exhibition », accusent les responsables d'avoir « juste la haine », d'être « une bande de frustrés », de ne plus être très au courant, puisqu'ils sont partis depuis longtemps. Quelques membres s'essayent quand même au jeu de la simple argumentation pour répondre aux accusations, ou signalent des inexactitudes et des approximations.

Deuxième catégorie : d'anciens adeptes, en découvrant qu'ils ne sont pas seuls, trouvent dans ces pages un réconfort. On peut même dire qu'elles leur offrent un défouloir contre leur ancien mouvement, un moyen de clamer enfin leur indignation sans avoir à s'expliquer, ce qui est malheureusement assez courant sur les réseaux sociaux.

Une troisième catégorie d'« amis », apparemment étrangers à la cause, indiquent simplement découvrir le groupe un peu par hasard, et être scandalisés par ce qu'ils apprennent ; ils encouragent à continuer de dénoncer ces « dérives » que quelques-uns qualifient d'« écœurantes ».

Il y a enfin une dernière sorte d'« amis », les simples curieux ou, comme moi, les chercheurs et les journalistes attentifs.

Le séisme : l'article du Parisien

C'est fort de ces publications en ligne que le journaliste du *Parisien*, Nicolas Jacquard, entreprend une enquête, qui paraît le 21 juin 2020. L'auteur indique sur son compte LinkedIn qu'il est « Grand reporter. Service informations générales. Police, justice, enquêtes », à quoi il ajoute, sur celui de Twitter, « petites et grandes histoires ». Son travail est fort intéressant ; il a d'ailleurs servi de révélateur à bien d'autres auteurs, qui s'en sont plus ou moins librement inspirés... On y trouve tout ce qui rend le sujet attirant de nos jours pour un large public.

Au début de l'année 2020, des personnels de l'Éducation nationale lui apprennent qu'ils cherchent à en savoir davantage à propos d'enfants très différents de ceux qu'ils côtoient d'ordinaire dans leur établissement, notamment parce qu'ils restent entre eux. Sans trop savoir où cela allait le mener, Jacquard rencontre ensuite une habitante du 20e arrondissement qui lui apporte quelques précisions fort utiles, puis, grâce à une recherche en ligne à partir des noms de famille qui revenaient le plus souvent, il découvre l'épisode de Pardailhan, le kibboutz que quelques membres de La Famille ont organisé dans l'Hérault en 1960, et enfin le groupe Facebook, récemment créé, par l'intermédiaire duquel il contacte une dizaine d'anciens membres de La Famille. Lucide, il prend la mesure du risque que représente pour l'objectivité le fait de n'avoir recours qu'à des informations tirées des seuls dissidents, si bien qu'en bon professionnel il tente d'avoir des renseignements auprès de membres actuels, mais sans succès.

Profitant bientôt du calme du confinement, il lit quelques ouvrages sur le sujet, notamment certains des miens, contacte toutes les personnes utiles à ses recherches – dont votre serviteur pour les aspects historiques et doctrinaux – et, entre autres, la Miviludes. Dans la version en ligne de son article, davantage que sur le papier, il nuance volontiers le qualificatif de « secte », en soulignant l'absence de ce qu'il nomme « un gourou » et de tout prosélytisme.

Puisqu'il s'agit de l'article qui a déclenché l'intérêt médiatique autour de notre groupe, il n'est pas inintéressant de voir quelles pistes ont été retenues. Évoquer un secret dans la capitale ne peut qu'attirer l'œil. De plus, on imagine aisément l'effarement général à la nouvelle qu'une telle survivance existe depuis sans qu'on n'en sache rien. Le nombre de 3000 adeptes est avancé (et « seulement huit patronymes »), ainsi que le fait qu'ils ne « se marient qu'entre eux » et que, pour la première fois, des membres dénoncent « un fonctionnement sectaire ». La curiosité ne peut être qu'aiguisée, reconnaissons-le : les lecteurs découvrent à leur tour un groupe endogame, secret jusque-là, et possiblement sectaire ! Bigre ! L'histoire de La Famille est rapidement esquissée, et de manière très correcte, même s'il s'est glissé de très légères erreurs de peu d'importance ; une chronologie aide d'ailleurs à s'y retrouver. On suit donc à gros traits la filiation depuis le jansénisme, apparu au XVIIe siècle, en passant par le mouvement convulsionnaire au siècle suivant (illustré par une gravure montrant ce que pouvaient être les transes qui avaient lieu sur le tombeau d'un diacre à Saint-Médard, à Paris), puis le bonjourisme, une mouvance issue du convulsionnisme, créée par deux frères curés de l'Ain venus se réfugier à Paris en 1791, d'où sont issues les familles qui vont s'organiser strictement en 1892 et qui nous intéressent ici.

La présentation de La Famille qui est proposée repose sur deux questions : ce qu'elle est aujourd'hui, et quels problèmes elle pose.

Le groupe se distingue d'abord par ses croyances. Ses membres sont des « élus de Dieu » avant la fin du monde ; il est donc apocalyptique et possiblement prédestiné par Dieu (dit « Bon Papa »), qui choisit le sort de chacun. Lorsqu'il ne restera plus que sept patronymes, les temps de la fin seront proches. Élie, né au début de la Révolution française, considéré comme un « prophète », devant alors rejoindre son troupeau là où il l'a quitté et « disparu » au début du XIXe siècle, aux environs de la rue de Montreuil, d'où la concentration de ses affidés dans cette rue et celles avoisinantes, soit les 11e, 12e et 20e arrondissements.

L'organisation est assez lâche : il n'y a pas de chefs, mais plutôt des anciens, de grandes réunions sont organisées pour les fêtes du groupe dans une propriété de Villiers-sur-Marne qui appartient aux familles, ainsi que des enterrements dans une zone pour les démunis de Thiais (Val-de-Marne), chaque foyer est dirigé par le père, qui enseigne à ses nombreux enfants les rudiments des croyances communes, à l'aide, notamment, de textes recopiés, et organise les cérémonies à domicile ; une certaine solidarité est de mise entre les membres. Comme on l'a vu, les règles sont strictes : on naît dans La Famille, on n'y entre pas, ce qui implique des mariages entre cousins, les enfants ne vont à l'école publique que dans les limites légales d'âge, et pas au-delà, car toute ascension sociale est proscrite. Les femmes, qui ne doivent porter aucun signe de coquetterie, travaillent à domicile, mais sont surtout occupées par la nombreuse progéniture qu'elles se doivent de mettre au monde.

On comprend que ces règles et ces pratiques étonnent, voire puissent être considérées comme problématiques ; en fait, on distingue deux catégories de problèmes.

Le groupe est d'abord fermé au monde extérieur, vu comme gangrené par le péché et soumis au diable. Tout contact avec les autres est donc proscrit, et particulièrement avec ceux qui ont quitté La Famille, avec lesquels, bannis et conspués, les relations sont devenues impossibles, même entre parents proches. Cette coupure du monde induit des séquelles psychologiques chez les enfants, que le journaliste met en avant. L'autre série de griefs est liée à la santé. D'une part, la forte consanguinité entraîne l'apparition de maladies, parfois rares, et de handicaps perçus par La Famille comme relevant de la volonté divine, ce qui restreint l'appel aux services médicaux. Il faut y ajouter une forte présence de l'alcool lors des cérémonies, au point qu'un des témoins « sorti » explique avoir eu du mal à se défaire de ce qu'il appelle un « héritage ». Enfin des abus sexuels sont dénoncés par ces accusateurs, des faits qui n'ont pas été portés en justice, puisque le groupe entend régler ses problèmes en interne et devant Dieu.

Comme le rappelle habilement Jacquard, une note d'information que la Miviludes a produite en 2017 évoquait de « possibles dérives sectaires » et appelait à la vigilance, en particulier vis-à-vis des enfants. Un des témoins qualifie le groupe, fort curieusement, de « secte passive », mais on évoque aussi l'« aspect sectaire » des enfants qui se ressemblent tous et sont constamment sur la réserve, une Famille enfin qui ne laisse pas de liberté à ses membres : « L'humain n'est rien et s'efface derrière le groupe. » Il faudra revenir sur ces affirmations.

L'emballement médiatique

Quoi qu'il en soit, ce ne sont pas moins de cinq autres titres qui reprennent le sujet en moins d'un an. Vient aussi le temps des reportages télévisés et des pastilles sur la Toile, d'autant plus que les journalistes publient des livres et font le bonheur des émissions télé et radio, ce qui occasionne de nouveaux papiers... Chacun apporte son regard, sans souvent ajouter beaucoup plus d'informations à celles de Jacquard, mais c'est alors que s'ancre véritablement l'image de La Famille.

En fait, là aussi, vient très vite la question obsédante, que chacun des présentateurs TV pose à son invité : est-ce une secte ? Les journalistes hésitent eux-mêmes à y répondre. Le romancier et chroniqueur Guillaume de Fonclare* est le seul à affirmer de manière incisive que oui ; « l'abus de pouvoir sur les esprits, la mise en carcan d'existences calfeutrées, un climat étouffant » tout définit pour lui le groupe comme une secte, « quoi que disent ceux qui y appartiennent », une communauté qui prône par ailleurs un « christianisme étrange ».

* *La Croix*, 15 février 2021.

Il ajoute à l'ensemble les rumeurs d'abus « de toutes sortes – sexuels en premier lieu » – et « l'endogamie à tout va ». Les autres articles sont moins clairs, se permettent parfois un point d'interrogation à « secte ». Mais tous s'emploient à relever ce qui pose problème dans l'existence même de La Famille, sans ajouter de faits nouveaux.

Deux nuances viennent cependant modérer ce tableau fort sombre. D'une part, la secrétaire générale de la Miviludes, Anne Josso, déclare que son organisme est « embarrassé par le dossier », car « beaucoup de gens sont très heureux dans ce milieu », ce à quoi elle ajoute : « Nous n'avons pas tous les critères de la dérive sectaire. » Enfin, les journalistes constatent que La Famille a évolué depuis une grave crise, dans les années 1980-1990, qui a vu les départs augmenter : quelques préceptes de vie se sont depuis « estompés », sauf chez les « plus radicaux », et les jeunes se montrent « de moins en moins réceptifs », ce qui alimente cette modération en marche.

Entre-temps la presse régionale, en l'occurrence Alexandre Coste dans *Le Progrès* du 18 juillet 2020, a découvert une branche dissidente qui, elle aussi, pose de nombreux problèmes, mais qui, surtout, paraît bien plus correspondre à une grille de lecture de type « secte » : cette communauté de Malrevers, concentrée dans une ancienne colonie de vacances de Haute-Loire, y est dénoncée pour les « sévices » de son chef et le « calvaire » subis par d'anciens membres qui ont porté l'affaire en justice et obtenu gain de cause en 2008.

Il manquait le choc des images. Quelques photographies avaient montré, dans les magazines, des instantanés de la grande fête de La Famille, sans qu'elles n'aient d'ailleurs rien de particulier, des portraits de grands anciens ou des immeubles de la rue de Montreuil. Le reportage de M6, réalisé pour *66 minutes* par le «reporter de guerre et d'aventures extrêmes» Géraud Burin des Roziers, diffusé en novembre 2020, vient naturellement alimenter singulièrement cet aspect avec un montage judicieusement effectué. On m'y voit furtivement, dans la bibliothèque de Port-Royal, afin d'évoquer le côté historique de l'affaire. Le téléspectateur découvre ce à quoi peut ressembler une adepte du groupe quand une habitante du quartier montre une passante de dos, habillée de manière sobre (jupe bleue, veste grise), ses longs cheveux pendant dans le dos. Il assiste aussi, à l'aide d'une caméra cachée, à d'infructueuses tentatives de rencontrer, à leur domicile, de possibles adeptes, et aux conversations téléphoniques du reporter avec un membre anonyme qui nie les dérives, puis avec un ancien disciple qui affirme l'inverse, et surtout il entend le témoignage émouvant d'un «parti», chez son avocate, ce qui ajoute un côté sensationnel, qu'appuie une réalisation efficace. Burin des Roziers rappelle lui aussi que les autorités «pointent les dérives sectaires», et les témoignages reçus d'anciens membres sont qualifiés de «tout simplement terrifiants», comme, selon un autre témoignage téléphonique, des «coucheries frères-sœurs», ce qui n'est corroboré par aucun autre témoignage, pas même parmi les plus hostiles.

L'ex-adepte chez son avocate, dont le témoignage est déjà paru sur la Toile («J'ai grandi dans la secte "La Famille"», *Le Speech de Damien*), qualifie La Famille de secte, «car elle coupe les enfants du monde de la plus mauvaise des façons» – il corrobore d'ailleurs tous les abus comme d'autres témoins partis –, et il est rappelé que l'Unadfi, Union nationale des associations de défense des familles et de l'individu victimes de sectes, s'inquiète et «tire la sonnette d'alarme», comme la Miviludes, dont il est à noter qu'elle a mis du temps à réagir face à ce dossier «embarrassant» et que son diagnostic n'a pas eu d'effet. Marlène Schiappa, ministre déléguée chargée de la Citoyenneté, affirme, devant la caméra, reprendre les choses en main face à l'emprise, «avec potentiellement des situations très difficiles sur le plan psychique, puisqu'on ne peut pas s'en aller de ce groupe-là». Une mission, apprend-on, confiée à la police et à la gendarmerie sur les «nouveaux groupes sectaires», comprendrait l'examen de La Famille*; mais, est-il précisé, la difficulté réside dans le fait qu'elle se distingue des sectes en ne faisant pas de prosélytisme. Enfin, en novembre 2021, BFMTV diffuse un documentaire de la journaliste Marie Peyraube**, qui, grande nouveauté, donne la parole à un membre actuel de La Famille qui se défend des attaques lancées depuis plus d'un an, ce qui apporte un plus significatif par rapport aux autres travaux sur le sujet.

L'étape suivante est celle de l'enquête au long cours qui conduit les journalistes à mener des recherches plus approfondies afin de proposer le résultat de leur travail

* Le rapport de la Miviludes du 22 juillet 2021 en fait effectivement état (p. 39).
** «La Famille: enquête sur une communauté secrète.»

sous forme de livres, avec quelques précisions nouvelles*. On apprend notamment que les jeunes membres de La Famille sont férus d'échanges électroniques, même avec des personnes extérieures à leur groupe ou avec des « partis », ce qui interroge sur leur réclusion loin du monde. Y aurait-il là des signes d'une évolution en cours, ou du moins d'un certain relâchement des règles chez les plus jeunes ? Mais l'article du *Parisien* a provoqué un tel branle-bas de combat parmi La Famille qu'elle a fini par mettre en sourdine les échanges via les réseaux sociaux. En tout cas, c'est ce qui a poussé le groupe Facebook à l'inactivité en mai 2021, avec un sentiment de devoir accompli : ses administrateurs déclarent alors « le travail est fini ; les journaux, les livres prennent le relais ». La propension à l'amenuisement de certaines prescriptions est confirmée par tous les auteurs, par exemple, la plus grande diversité des professions. Il semble que désormais les adeptes se divisent entre les plus rigoureux, « ultraconservateurs », avec encore aujourd'hui dans leurs rangs des inspirés et des « prophètes », et d'autres plus variés, plus souples dans leurs préceptes, ce qui, convenons-en, n'est pas étonnant. Chaque livre, en tout cas, se heurte, surtout et encore, à la difficulté de coller l'étiquette de « secte » au groupe, et je me fais fort d'y répondre après vous avoir présenté ce qu'est La Famille.

* Suzanne Privat, *La Famille. Itinéraires d'un secret*, Paris, éd. Les Avrils ; Nicolas Jacquard, *Les Inspirés*, Paris, éd. Robert Laffont, 2021 ; Étienne Jacob, *Enquête sur La Famille, une mystérieuse communauté religieuse*, Paris, éd. Le Rocher, 2021.

Alors ? Ce vaste panorama vous a-t-il éclairé ? Comme je n'en suis pas certain, il est temps de faire quelques mises au point grâce à une approche que je n'hésite pas à qualifier de « scientifique ». Mais c'est mon travail d'historien...

Les croyances catholiques de La Famille

On a du mal à s'imaginer qu'une si petite communauté religieuse a une si longue histoire – méconnue par ailleurs – ce qui, pour certains, la distingue des « sectes ». C'est ce qu'a déclaré chacun des auteurs qui a voulu l'approcher en cherchant à expliquer son existence aujourd'hui. C'est là un piège que tout historien digne de ce nom prend soin d'éviter, selon les préceptes de notre maître à tous, Lucien Febvre, qui le qualifiait de « péché des péchés* ». Par ailleurs, l'entreprise n'est pas aisée, car il s'agit là, comme j'aime le dire, de s'attaquer à ce qui s'apparente à un ensemble de poupées russes, les fameuses matriochkas en bois peint, La Famille étant l'une des plus petites, issue d'un groupe (ou d'une poupée) plus large, et ainsi de suite. À ce jeu, notre ensemble est composé de six poupées : La Famille (et même « en elle », ses dissidences), qui vient du bonjourisme, lui-même du pinélisme, des convulsionnaires, du figurisme, et du jansénisme qui les contient toutes. Or, chacune de ces étapes a apporté à la communauté une part de ses croyances – et elle

* Pour ceux que ça intéresse, cela se trouve dans *Le Problème de l'incroyance au XVIe siècle : La religion de Rabelais*, Paris, éd. Albin Michel, 1942, p. 15.

en a aussi abandonné quelques-unes –, mais seules les trois premières, chronologiquement parlant, se placent dans l'Église catholique. Je vous invite à les rencontrer en plongeant dans les archives de nos Parisiens.

À l'origine : jansénisme ou port-royalisme

« Jansénisme. On ne sait pas ce que c'est, mais il est très chic d'en parler. » Cette boutade de Gustave Flaubert, dans son fameux *Dictionnaire des idées reçues* de 1913 (posthume), rappelle assez que ce courant religieux reste obscur pour beaucoup, et partant, mal traité dans tous les sens du terme : certains auteurs commettent d'ailleurs l'erreur classique de le désigner comme schisme, ce qu'il n'est pas. Or, La Famille en est l'une des héritières, même si cela reste aussi, pour nombre de ses membres, un peu flou. Alors, au travail.

Bien des signes nous montrent qu'il y a encore dans la communauté parisienne un vieux fond de croyances issues du port-royalisme – du jansénisme pour les néophytes (nous y reviendrons). On trouve ainsi dans ses cantiques manuscrits une incantation à Port-Royal, sur l'air de *Heureux qui n'a point vu* :

> C'est là où notre Dieu naguère / Avait rassemblé ses élus / Qu'à quelques pieux solitaires / Il donnait encore ses vertus / Partout l'Église abandonnée / Fuyait loin de ses fils ingrats / À cette mère abandonnée / Port-Royal seul tendit les bras.

On aura remarqué l'allusion aux vertus données par Dieu, seul, et non par la force morale de se constituer une bonne vie, ce qui est là une ébauche de ce qu'est le « jansénisme ». Un *Cantique spirituel* (sur l'air de *De la mission, etc.*) annonce d'ailleurs :

> La volonté de mon Dieu / Soit établie en tout lieu / Dans tout ce qui nous arrive / Disant par une foi divine / La volonté de mon Dieu / Soit accomplie en tout lieu / C'est ici qu'un vrai chrétien / Reçoit le mal et le bien / Quelque peine qu'il endure / Il souffre sans murmure.

Les différents témoignages, surtout parmi ceux recueillis par Nicolas Jacquard, évoquent aussi la persistance de la croyance en la prédestination et le mal qui résulte du libre arbitre auquel il faut préférer le « poids de Dieu ». Une prière est lue « pour demander à Dieu la grâce de bien prier ». Au cours de la cérémonie du baptême, on précise que l'enfant « mérite de parvenir par l'observation fidèle de vos commandements à la grâce de la régénération par le même Jésus-Christ notre Seigneur ».

Le monastère de Port-Royal est surtout omniprésent. Dans les courriers précieusement conservés dans La Famille, l'exemple de « nos bons Amis de Port-Royal » est régulièrement évoqué, pour, entre autres, « mourir à nous-mêmes » (*Mémoires de Grand-Père Walstein*, 1874) ; des prières d'intercession aux « bienheureux et bienheureuses de Port-Royal » sont prévues lors de la cérémonie du mariage afin qu'ils « daignent prier, intercéder et demander pour nous au Père des miséricordes la sainte Bénédiction ». Il ne serait pas étonnant que le groupe possède un calendrier qui honore ses grands anciens à chaque date qui leur correspond, comme celui que j'avais reproduit dans ma thèse sur Lyon pour un groupe parent de la Loire*. C'est ce qui explique que des prénoms très port-royalistes aient toujours été privilégiés jusqu'à aujourd'hui, que ce soit Augustin, donné à chaque fils aîné de la famille Thibout – une des huit familles –, ou Angélique ou Agnès. De petites feuilles volantes ornées de portraits de certains d'entre eux sont aussi conservées, par exemple, celui du solitaire de Port-Royal, et théologien, Isaac-Louis Lemaistre de Sacy (1612-1684) ; et des membres de La Famille disent garder précieusement la « Sainte Épine » miraculeuse, qui était conservée à Port-Royal, ainsi qu'un « habit » du monastère. Leurs bibliothèques principales contiennent enfin bon nombre de livres port-royalistes, principalement ceux de l'oratorien Pasquier Quesnel (1634-1719), théologien dont des écrits ont pourtant été condamnés par le pape Clément XI en 1713 : en effet il apparaissait comme le chef de file du mouvement.

Il est temps de replacer toute cette histoire pour y comprendre quelque chose**.

Tout commence en 1640 lorsque paraît l'*Augustinus*, en trois volumes épais, deux ans après la mort de l'auteur, l'évêque d'Ypres (dans l'actuelle Belgique), Corneille

* *Les Amis de l'Œuvre de la Vérité. Jansénisme, miracles et fin du monde au* XIX*e* *siècle*, Lyon, PUL, 1998, annexe 1, p. 169.

** Pour davantage de détails, je vous renvoie à mon petit livre, *Le Jansénisme. Entre hérésie imaginaire et résistance catholique* (XVII*e*-XIX*e* *siècle)*, Paris, Les éditions du Cerf/Fides, collection « Bref », 1996. Voir aussi celui de Monique Cottret, *Histoire du jansénisme,* XVII*e*-XIX*e* *siècle*, Paris, éd. Perrin, 2016.

Jansen (dit « Jansénius »). Il a produit ce traité de théologie pour participer à une controverse qui agite l'Église catholique depuis l'émergence des protestantismes : quelle est la nature de la grâce que Dieu accorde à chaque homme ? Face à ses adversaires, Jansen reprend les arguments d'Augustin d'Hippone (« saint Augustin », ve siècle) pour qui l'homme, marqué à jamais par le péché originel, n'est pas capable de faire le bien sans cette grâce. D'ailleurs seule la grâce efficace et gratuite de Dieu, qui n'est accordée qu'à ceux qu'il a décidé de sauver, peut faire accomplir de bonnes œuvres, ce qui n'empêche pas que le fidèle doive mener aussi un combat constant contre sa mauvaise nature originelle.

Les adversaires de l'évêque, notamment jésuites, introduisent pour leur part le rôle du libre arbitre qui fait agir l'homme : la grâce, accordée par Dieu, n'est que suffisante et doit être développée par des actions ; ce qui permet de réaffirmer le rôle essentiel de l'Église catholique dans cette question de salut. Une bulle papale a bien mis en 1642 le livre de Jansen à l'index – toute controverse à ce sujet étant proscrite depuis quelque temps –, mais, devant la polémique qu'elle provoque, elle ne peut être appliquée. Il faut à ce stade préciser que la papauté n'est pas alors toute-puissante, une notion qui ne sera effective qu'en 1870 ; en attendant, selon l'organisation dite « gallicane » de l'Église de France, tout texte qui en émane doit être enregistré par le parlement de Paris avant de pouvoir être appliqué dans le royaume, le concile général des évêques étant par ailleurs supérieur au pape. Voilà pour la grâce.

En France, l'un des correspondants augustiniens de l'évêque d'Ypres, l'abbé de Saint-Cyran, prônait aussi qu'une «conversion intérieure» exigeante était nécessaire afin de pouvoir être accepté aux sacrements, trop facilement distribués, selon lui, et surtout pour la communion, même si nul ne pouvait être certain de son destin *post mortem* : il fait d'ailleurs appliquer ces principes de vie rigoureuse dans l'abbaye cistercienne de Port-Royal à Paris, et en vallée de Chevreuse – déjà fortement réorganisée par la mère Angélique Arnauld –, où il est le directeur spirituel des religieuses. Autour de ces préceptes se regroupent de nombreux disciples pour qui ces lieux représentent des modèles de vie chrétienne. Ce groupe, qui se nomme lui-même «port-royaliste», est appelé «janséniste» par les jésuites, dès 1641, terme tendant à le disqualifier et à le mettre au ban de l'Église. Mais ce ne sont que cinq propositions qui concernent la grâce, tirées des 1300 pages de l'*Augustinus,* qui sont condamnées par le pape Innocent X en 1653, les quatre premières étant déclarées hérétiques (ce que contestent les port-royalistes), alors que bon nombre d'évêques, de prêtres et d'ordres religieux adhèrent au mouvement spirituel, ainsi que, de plus en plus, des familles de la noblesse et de la magistrature. Les membres se retirent près du monastère de la vallée de Chevreuse et forment le groupe des pieux solitaires, pendant que d'autres alimentent la polémique, comme Blaise Pascal, frère d'une cistercienne de l'abbaye, dont les célèbres *Provinciales,* écrites en défense de la cause et contre les jésuites, obtiennent un grand succès et font connaître davantage leurs idées.

Le conflit est aussi politique, car ces port-royalistes sont perçus par le cardinal Mazarin comme liés aux adversaires de la monarchie, ce qui est effectivement le cas de Saint-Cyran, bien avant la parution de l'*Augustinus*. C'est pourquoi le ministre d'État encourage, en 1656, la signature par tous les prêtres d'un formulaire, approuvé par Rome, par lequel ils déclarent accepter la décision de Rome contre les quatre propositions, sous peine de sanction. Mais, c'est alors, au commencement de ce qui s'apparente à une persécution, qu'intervient le miracle de la Sainte Épine.

Il s'accomplit à travers la guérison d'une nièce de Pascal, Marguerite Périer, jeune pensionnaire de Port-Royal atteinte d'une fistule lacrymale, sur l'œil de laquelle on a appliqué une épine dite « de la couronne du Christ ». Dans le contexte tendu, la nouvelle est perçue par la population parisienne comme une manifestation de Dieu envers la cause : les fidèles se pressent au monastère pour baiser la merveilleuse relique. De théologique, l'affaire est devenue cléricale et populaire.

De nombreux ecclésiastiques, et des évêques, refusent, à partir de 1661, de signer le fameux formulaire, qu'ils qualifient d'injuste, ce qui conduit à des mesures sévères pour anéantir le véritable réseau qu'est devenue cette opposition. Dans les années qui suivent, les occupants de Port-Royal sont expulsés ; et finalement, entre 1711 et 1713, les bâtiments sont démolis et le cimetière vidé de ses corps, que l'on transfère ailleurs, tandis que les sépultures sont détruites sur ordre de Louis XIV. Dans l'intervalle, soucieux de mettre les textes à la portée des fidèles, un Nouveau Testament puis une Bible sont publiés clandestinement, mais avec succès, par Lemaistre de Sacy, celui dont le portrait est toujours conservé. En 1713 enfin, la bulle papale *Unigenitus*, demandée par le roi, condamne ce qui est vu comme la somme de la doctrine port-royaliste, soit 101 propositions des *Réflexions morales* de l'oratorien Pasquier Quesnel. Il s'agit là d'un tournant, puisque des milliers d'ecclésiastiques (et la majorité de ceux de Paris), dont une trentaine d'évêques, en appellent au jugement de cette décision par un concile général, supérieur au pape, rappelons-le. Les poursuites qu'ils subissent, en l'occurrence des lettres de cachet, en font, aux yeux de leurs fidèles, des martyrs persécutés pour une noble cause, à la fois par le pouvoir royal et, surtout, par la papauté, qui aurait dû être le centre de l'orthodoxie. Ce qui ne semble pas ou plus être le cas.

Quoi qu'il en soit, la querelle théologique s'est transformée en débat de plus en plus populaire sur ce que doit être un « bon catholique ». Cependant, les motivations de ceux dénoncés comme « jansénistes » – une désignation qu'ils récusent – sont variées.

De nombreux fidèles voient dans Port-Royal un modèle à suivre, et s'identifient à la persécution injuste. La Famille relève de cet héritage : outre l'invective « graine de papistes », encore lancée aujourd'hui aux jésuites, il faut, comme les modèles du passé, être soumis aux jugements de Dieu sans savoir à qui il a accordé sa grâce ; ce que certains résument aujourd'hui en donnant comme réponse : « C'est la Providence ! »

En marge de l'orthodoxie : le figurisme

La notion de marge, ou d'« être en marge », est simple : il s'agit d'être en désaccord avec l'autorité ou la majorité. Cela conduit dans le catholicisme à deux positions possibles : rester quand même dans l'Église (marge intérieure) ou en partir (marge extérieure), sous la contrainte ou volontairement. Dans le cas de nos port-royalistes, dont la position sur la grâce n'a pas été condamnée (elle vient de « saint Augustin » !), mais dont l'attitude frondeuse est réprouvée par la papauté (et le roi), il s'agit de marge intérieure. Contrairement à ce qui est souvent écrit, il n'y a donc pas eu de schisme, et encore moins d'hérésie ! Cette situation se poursuit avec nos deux « poupées » suivantes, dont la première, le figurisme, est largement ignorée des « études » sur La Famille*. Il s'agit pourtant du cœur de ce que sont ses croyances actuelles.

Confronté aux poursuites et à la difficulté de saisir le rôle de Rome, le théologien Jacques Joseph Duguet propose ses vues à Paris lors de conférences données au séminaire oratorien de Saint-Magloire, à partir de 1710 : c'est ce que l'on nommera « figurisme janséniste », développé plus tard par ses disciples, notamment l'abbé d'Étemare. Comme l'Ancien Testament préfigure la venue du Christ, le Nouveau, principalement le livre de l'Apocalypse de Jean, est la figure annonciatrice de ce qui advient et de ce qui doit arriver.

Le constat est d'abord fait que le grand bouleversement annoncé est en train de se réaliser sous leurs yeux avec la crise provoquée par la bulle *Unigenitus*. Celle-ci apporte en effet la preuve que les maux de l'Église, de plus en

* Je conseille sur ce sujet le livre clé de Catherine Maire : *De la cause de Dieu à la cause de la Nation. Le jansénisme au XVIIIe siècle*, Paris, éd. Gallimard, collection « Bibliothèque des histoires », 1998.

plus importants, ont été prédits dans les Écritures et, par là, qu'ils n'ont rien de surprenant. Bien plus, ceux qui sauvegardent la vérité malgré tout ne font qu'accomplir leur devoir : ils sont le « petit reste », selon l'expression consacrée, des témoins de la vraie foi, qui, comme lors de chaque crise passée, sont persécutés. À l'inverse, les croyants qui en majorité refusent la vérité – et sont donc considérés comme apostats – forment la nouvelle gentilité, comme en leur temps les païens (en hébreu *goyim*) pour les juifs et les premiers chrétiens.

Ces temps sont annonciateurs du retour du prophète avant la fin du monde, au cours de laquelle les Amis de la Vérité et les juifs qui se convertiront en masse à la foi chrétienne seront sauvés au moment du retour de Jésus-Christ et de la résurrection des morts. En général, les figuristes, considérant que l'âme de l'Église se perpétue même si son corps (ses dirigeants) tombe dans l'erreur, ne quittent pas le navire qui part à vau-l'eau.

Le groupe des oratoriens de Saint-Magloire s'est évertué à multiplier les avertissements à destination du plus grand nombre, avec succès, ce qui a entretenu la résistance port-royaliste en l'amplifiant : on compte qu'ils diffusent plus de 3 000 libelles en ce début de XVIIIe siècle, souvent clandestinement. On ne s'étonnera donc pas que nos héritiers contemporains conservent dans leurs papiers ce type de lecture des temps que l'on qualifie de « messianiques ». Dans un Pater, les Juifs* sont qualifiés

* On peut s'étonner de la majuscule mise pour « juif » : elle est plutôt la marque d'une appartenance culturelle générale, alors que la minuscule désigne les seuls membres de la religion.

de « peuple chéri » de Dieu. Un cantique, daté de 1748 et recopié à la main, porte sur *Le Rappel d'Israël* (sur l'air de *Partez puisque Mars vous appelle)* et résume tout le propos par son seul refrain :

> Sonnez, sonnez trompettes / Rappelez les tribus de mon peuple d'Israël / Paraissez saint prophète / Pour présider à leur rappel / Je vais frapper l'infâme gentilité / pour son orgueil et son incrédulité.

Une *Invitation du saint prophète Élie à bénir Dieu*, du 8 octobre 1753, elle aussi recopiée, fait dire à celui-ci : « Bénissez celui qui m'envoie. Bénissez-le de ce qu'il vous avertit des malheurs qu'il va faire tomber sur ce peuple infidèle et ingrat. Bénissez-le de ce qu'à mon arrivée la terre tremblera. Bénissez-le de tous les malheurs qu'il va faire tomber sur la gentilité. Bénissez-le de ce qu'il va ressusciter l'Église, qui paraît morte à nos yeux. »

La position des élus qu'ils sont en puissance, sans en être certains, est réaffirmée dans cet autre cantique intitulé *Les Compagnons d'Élie* (air : *Français laisserais-tu flétrir*) :

> Qu'avons-nous fait pour obtenir / ce don qui passe tout mérite / Ce don qui nous a fait choisir / Pour nous tirer, nous affranchir / Du joug de la race maudite / Qui pour ses crimes va périr.

On comprend que les membres de La Famille emploient souvent le mot « gentilité » pour désigner le monde extérieur à leur communauté. Ils l'associent dans leurs témoignages à « païens », ou au peu aimable « mécréants » (que l'on peut assimiler à « mauvais croyants »), et en déduisent qu'il s'agit d'un univers qu'il ne faut pas fréquenter, là où règne le mal, voire le diable. C'est aussi pour cette raison qu'ils sont attentifs aux signes de la colère divine qui avertissent de la venue de l'apocalypse annoncée, mais non datée. L'un d'eux m'indiquait que c'était le cas, du moins pour certains membres, lorsque survenaient des catastrophes naturelles, des orages particulièrement violents, des séismes ou des éruptions volcaniques dramatiques. On retrouve cette même attention aux présages dans d'autres groupes héritiers du figurisme. L'un des responsables d'une communauté port-royaliste de Lyon m'a ainsi affirmé, lorsque je préparais ma thèse, avoir été particulièrement intéressé, à la suite de la proclamation par l'ONU, de la fin du mandat britannique sur la Palestine en 1947, qui prévoyait la création d'un État juif et d'un autre arabe. On peut aussi voir dans la dissidence de Pardailhan une inversion de ce qui était prédit : l'« inspiré » Vincent Thibout, qui appartient à la famille la plus influente du groupe, y forme, en 1960, ce qu'il appelle un « kibboutz », dans lequel la centaine de fidèles combine christianisme et judaïsme en une sorte de double conversion espérée. Adoptant les signes de la croix et de l'étoile de David mêlés, célébrant fêtes chrétiennes et juives, ils ont même tenté de participer aux cérémonies de la synagogue de Béziers, sans succès. Les tombes de leurs héritiers à Malrevers et ailleurs sont encore aujourd'hui ornées de leur double symbole.

Tous sont donc dans l'attente des derniers temps en espérant être du nombre des élus. En 1905, chez d'autres dissidents port-royalistes de Notre-Dame-de-Vaux (Isère), un fidèle s'adressait ainsi à sa femme dans son testament :

« Au nom du Dieu d'Israël et du saint prophète Élie, qui est notre guide et qui veille sur nous, et qui nous réunira un jour au peuple de Dieu, je t'en conjure viens avec nous*. » Cette foi-là est toujours vivace chez les Parisiens. Elle en constitue le pilier solide.

L'extraordinaire convulsionnaire

Dans une lettre de 1840 d'Élysabeth Havet, l'une des fondatrices de La Famille, à son petit-fils Benjamin, on peut lire : « Tu as lu la vie pénitente du saint thaumaturge, tu sais que l'œuvre divine des convulsions a pris naissance sur son tombeau » ; elle précise ensuite ce que sont les prodiges qu'à l'époque « Dieu nous a fait voir » par l'intermédiaire de ses « instruments ». Les archives familiales fourmillent en effet de discours de « frères » et « sœurs », les fameux « instruments » : dans un cahier qui les rassemble, on compte une quinzaine d'hommes et de femmes qui ont officié entre les années 1730 et la Révolution française.

Tout semble donc débuter avec celui par qui se font des miracles, en l'occurrence le diacre François de Pâris, sur le tombeau duquel, dès ses funérailles le 1er mai 1727 dans le cimetière parisien de Saint-Médard, se produisent les premiers prodiges. Or Pâris est un membre actif du réseau figuriste de Saint-Magloire – où il a été séminariste – et un fervent opposant à *Unigenitus*, ayant, par deux fois, signé l'appel à sa remise en cause par le concile.

* Cité par Pierre Viallet, *Une famille dauphinoise issue de la Matheysine : les Viallet*, chez l'auteur, 2013, p. 144.

Les nombreuses *Vies* qui lui sont consacrées, dont l'une de 1788, se trouvent en deuxième partie d'un *Recueil de prières sur le Saint Œuvre* conservé dans La Famille. On y apprend qu'issu d'une famille de conseillers au parlement de Paris, il a choisi de rester simple diacre* dans une paroisse populaire où il s'est activement occupé des plus démunis tout en menant une vie misérable, ce qui l'a peut-être tué d'épuisement à presque 37 ans ; mais a assuré son aura de « saint » parmi la population du quartier. Son enterrement a ainsi réuni des port-royalistes en nombre aux côtés de simples admirateurs, tous dans l'attente d'un signe de Dieu. Parmi eux, des malades se sont pressés au domicile du défunt pour toucher son linge et ses livres. Leur guérison supposée a lancé un mouvement de pèlerinages sur la tombe et un commerce de reliques. Le tout nouveau périodique port-royaliste clandestin, les *Nouvelles ecclésiastiques*, y a vu aussitôt une preuve de l'intervention de Dieu lui-même en faveur de la cause des persécutés. L'une des familles actuelles de La Famille aurait d'ailleurs encore aujourd'hui le bureau du diacre en sa possession.

En même temps que les mesures répressives augmentent, l'attention portée aux preuves surnaturelles, dans la lignée du miracle de la Sainte Épine, a pris une place prépondérante : en 1725 déjà, le récit de la guérison d'une femme d'ébéniste, Mme Lafosse, au cours d'une procession du saint sacrement conduite à Paris par un prêtre appelant, est abondamment diffusé ; en mars 1727, un autre cas est signalé à Lyon, puis, en juillet, encore

* Son opposition à la bulle lui a sans doute aussi fermé la possibilité d'obtenir une place de curé.

un autre près de Reims, qui ont pour conséquence la production de certificats et d'attestations dans le but de faire reconnaître les miracles par les autorités –, sans succès. Ce que Catherine-Laurence Maire qualifie de «flambée de miracles» liée à Saint-Médard *, soit une quarantaine en 1731, suit l'interdiction de l'archevêque de Paris d'honorer le diacre. Alors que la reconnaissance de la cause port-royaliste semble dans une impasse, les séances de guérison sur le tombeau commencent à s'accompagner de convulsions: des tremblements de tout le corps semblables à ceux de quelques épileptiques venus au cimetière. Celles-ci deviennent la marque de l'intervention de Dieu par l'intermédiaire du «saint diacre», et donc du soutien divin au milieu des épreuves.

Les deux cents cas survenus pendant la seconde moitié de l'année 1731 provoquent un afflux de public et des troubles. Il en ressort la fermeture du cimetière aux simples visiteurs sur ordre du roi en janvier 1732, et, à la fin de l'année, l'interdiction des inhumations, pendant lesquelles les séances se renouvelaient sur le tombeau de Pâris. C'est alors que les scènes se reproduisent clandestinement dans une vingtaine de lieux clos de Paris (salons d'hôtels particuliers, mais aussi greniers ou caves), avec des reliques du diacre ou de la terre prélevée sur son tombeau, et que le discours évolue.

Ces réunions sont finalement interdites en 1733, et les arrestations se multiplient, ce qui modifie le déroulement

* Dans le livre essentiel : *Les Convulsionnaires de Saint-Médard, miracles, convulsions et prophéties à Paris au XVIIIe siècle*, Paris, éd. Gallimard-Julliard, collection «Archives», 1985.

des séances. Les hommes et femmes (qui représentent 60 % des convulsionnaires) y ont toujours des convulsions, mais elles deviennent les manifestations d'une agression mystérieuse de leur corps. Pour les aider, ils demandent alors aux « assistants », des individus issus de toutes les couches de la société, de tirer ou d'effectuer une pression les membres crispés afin de les soulager, ce qu'ils appellent des « secours ».

Le corps souffrant devient très vite l'image de la véritable Église dont la foi est agressée, et les secours, les coups qui lui sont assenés : l'illustration des persécutions. Ceux-ci deviennent d'ailleurs de plus en plus violents au fur et à mesure que les poursuites policières s'accentuent : ce sont des coups de bûches puis de barres de fer, puis des épées qui pénètrent les chairs, et, plus tard, la mise en croix sans que mort s'en suive (ou rarement), chaque degré de secours, des « petits » (les moins violents) aux « grands », marquant l'importance de la séance. Les participants, conduits par des prêtres, prennent des noms tirés des Écritures (« frère Isaac », « frère Pierre », « sœur Madeleine »...) et les « instruments », suppliciés parfois aussi, ceux de leur « spécialité » : « sœur Victoire Aveugle », très présente dans les papiers de La Famille, lit les yeux bandés, « L'Aboyeuse » émet des jappements, et « frère Innocent » tombe en état d'enfance. Tous se montrent vite inspirés par les lumières divines, et adressent alors des messages dont l'interprétation est une reprise des thèmes figuristes, mais amplifiés. Par exemple, en 1759, la sœur Charlotte de Bray, par ailleurs ouvrière en linge, déclare : « Ô temps, Ô siècle, Ô mœurs ! Hé ! Qui pourra donc entendre que le jour du

Seigneur est proche ? Ce jour de ténèbres et d'obscurité, ce jour de nuages et de tempêtes, sera-t-il vraiment le jour du Seigneur ? Qu'il sera grand et terrible ! Malheur pour qui sera un jour de ténèbres et non de lumière [...] Et qui peut nous secourir que vous, qui êtes notre Sauveur ? Nous avons péché, il est vrai... mais nous sommes des ouvrages de vos mains... » Les messages sont aussitôt précieusement copiés pour être diffusés. Ainsi, des *Discours appelés les samedis de la sœur Israël ou sœur Colombe*, de 1743-1746, conservés dans La Famille, indiquent en préambule qu'ils ont été reçus, car « l'esprit de Dieu l'a animée et a parlé par sa bouche » ; l'essentiel a trait au retour du peuple juif, à l'arrivée d'Élie pour les derniers temps et à l'apostasie des gentils. Mais, il est précisé qu'ils ne sont pas « à la portée de tous », aussi faut-il les lire avec précaution.

Élysabeth Havet décrit dans sa lettre l'une de ces séances, mais plus tardive, de 1798. La sœur Marianne Dupont est au cœur de cet « état d'œuvre » qui se déroule fin août à 16 heures au Marais (rue des Rosiers) chez le bénédictin Blanchard. Après une prière, revêtue d'une robe de bure « nouée au col et aux chevilles avec une forte corde », elle demande à l'un des assistants de la suspendre par les pieds à un crochet scellé dans le mur. Puis, Marianne indique à l'assistance les psaumes à réciter, boit un verre d'eau dans cette position pourtant peu confortable, et, après vingt minutes, demande à être crucifiée « sur le carreau » par le bénédictin dans une pièce voisine, ce qu'il fait en plantant des clous dans ses mains et ses pieds, et des « clous d'épingle » dans ses seins, tout en pratiquant des incisions avec son canif, dont il recueille le sang dans une soucoupe. Puis la suppliciée fait une « promenade » sanglante, apparaissant comme « une petite fille de 10 à 12 ans », pendant que son public récite les psaumes. Les clous sont ôtés une heure après, les plaies lavées à l'eau bénite, et Marianne se rhabille à l'abri des regards, puis, repart chez elle à pied, ce que la narratrice qualifie de « merveilles ».

Je vous laisse découvrir chez Catherine-Laurence Maire les mille et un supplices plus subtils et sanglants les uns que les autres, si le cœur vous en dit. On peut disserter à l'envi sur ces scènes, et convoquer les psychanalystes en tous genres. Il n'en reste pas moins que des adeptes ont vu dans ces séances des signes manifestes venus de Dieu, et que l'on ne peut pas douter de la sincérité des organisateurs, persuadés d'œuvrer pour la Vérité. Le martyr volontaire des corps – le sien ou celui d'autrui – n'est-il pas récurrent chez nombre de groupes religieux ? Que ce soient les mortifications très sévères que s'imposent personnellement les uns (la sainte Marguerite-Marie Alacoque s'est gravé le nom de Jésus sur la poitrine au XVIIe siècle), ou celles, plus collectives, comme chez les flagellants au XIIIe puis au XVIe siècle ? Le crucifiement* est encore pratiqué aujourd'hui en public par des catholiques philippins au moment de Pâques, le Vendredi saint (sans l'accord des prêtres), sans parler des fêtes hindoues du Thaipusam pendant lesquelles les fidèles, surtout tamouls, se font percer la peau avec des piques et des crochets auxquels sont suspendus des charges ou

* Le mot « crucifixion » est réservé au supplice subi par Jésus. Qu'on se le dise !

eux-mêmes soulevés à deux mètres du sol, puis entrent en transe. Le corps meurtri devient moyen d'expression et la condition du message surnaturel. Toutes les séances convulsionnaires n'atteignent d'ailleurs pas forcément ce niveau, surtout dans les débuts : l'une des sœurs répond aux questions à l'aide de figurines d'animaux ou de poupées, d'autres tombent dans un « état d'enfance », signe de leur innocence. Et n'allez pas croire que les porteurs de discours soient tous de pauvres gens abusés par des fous furieux. Des « frères » dont les discours sont conservés par La Famille sont d'une condition sociale élevée : « Pierre », Olivier Pinault, est un avocat haut placé au parlement de Paris, et l'un des frères convulsionnaires le plus prolixe, et le plus suivi, « Hilaire » de Blaru, est comte de Tilly, « Étienne » Lecouteux, marquis d'Arbois, ou « Noël », comte de La Bédoyère.

Quoi qu'il en soit, ces excès tardifs aboutissent à ce que les port-royalistes condamnent les convulsions et ces « secouristes » afin de ne pas discréditer leur lutte, ce qui, associé aux poursuites du pouvoir royal, a pour effet de réduire le mouvement à trois ou quatre groupes et une vingtaine de convulsionnaires, au milieu du XVIIIe siècle. C'est alors que ces derniers, acculés et de plus en plus clandestins, vont s'éloigner de ce qui les faisait encore appartenir à l'Église.

La Famille hors de l'Église

Les membres de La Famille aiment à se dire « catholiques non romains », et se gardent bien d'entrer dans une église, ce qui peut étonner. C'est oublier que l'Église catholique compte nombre de petites dissidences : la plupart ne veulent pas reconnaître l'autorité prise par la papauté dans le courant du XIXe siècle*. Ainsi l'Église vieille-catholique, aujourd'hui présente dans une vingtaine de pays, s'est-elle opposée, en 1870, à la définition du dogme de l'infaillibilité du pape en matière de foi et de morale considérant qu'il s'agissait là d'une altération de la tradition. L'une de ses composantes, l'Église d'Utrecht (aux Pays-Bas) est d'ailleurs issue du port-royalisme. Mais l'écart pris par nos Parisiens est bien antérieur et repose sur d'autres bases, que nous fournissent leurs archives, issues des deux « poupées » suivantes.

* Sur ces questions, je renvoie à un autre de mes livres : *De sectes en hérésies. Étapes d'une réflexion sur la dissidence religieuse à travers les âges*, Lyon, éd. PUL, 2018. Voir aussi Bernard Vignot, *Les Églises parallèles*, Paris, Les éditions du Cerf/Fides, collection « Bref », 1991.

Le schisme consommé : le pinélisme

Dans notre suite d'héritages qui mènent vers La Famille, le pinélisme est l'un des plus méconnus. C'est pourtant de lui que vient cette distance prise définitivement avec Rome.

Le mouvement fondé par l'oratorien Michel Pinel est l'un des petits groupes secouristes qui subsistent à Paris au milieu du XVIIIe siècle ; il est vu avec défiance par les tenants des convulsions, tant par les excès de leurs pratiques que par leurs développements doctrinaux. Dans les archives de La Famille, un opuscule intitulé *Sur l'Œuvre. Écrits sur les deux témoins* cite aussi les responsables de deux autres affiliations : le frère Augustin, soit l'abbé François Causse, originaire de Montpellier et formé chez les oratoriens, qui affirme que l'Église ne subsistera que dans un petit nombre d'élus associés aux juifs, dont lui, Augustin, est déjà le prophète et « précurseur immédiat d'Élie », et Pierre Vaillant, prêtre du diocèse de Troyes, qui, de son côté, prétend être Élie lui-même après avoir été annoncer aux juifs de la synagogue de Metz en 1734 qu'ils vont être sauvés à la fin des temps aux côtés des élus choisis par Dieu.

Pinel, né en 1708 à Saint-Domingue, aux Antilles, est lui aussi oratorien, et même professeur au collège de Juilly puis à Vendôme, et rédacteur aux *Nouvelles ecclésiastiques*, lorsqu'il quitte son ordre en 1746 pour se consacrer à l'œuvre des convulsions et écrire deux ouvrages majeurs restés manuscrits.

Le premier, *Horoscope des temps, ou conjectures sur l'avenir fondées sur les Saintes Écritures et sur de nouvelles révélations*, est un plaidoyer figuriste où il déclare que le règne du Christ « durera mille années », sera suivi d'une « seconde mort » et d'une nouvelle résurrection qui verra le triomphe de l'Œuvre de Dieu, dit « Bon Bon Roi » pour sa douceur à l'égard des élus... et pour ne pas avoir à prononcer son nom. Un ancien cantique de La Famille, *Vie public* (sic) *du prophète* (air *ô filû ô filae*) annonce donc :

> Pendant mille ans, qui le croira / Un Dieu parmi nous régnera / Qui de bonheur nous comblera / Alléluia.

Pinel déclare aussi dans un *Essai sur la connaissance des derniers temps* que « la Rome chrétienne » est « comme la prostituée dont parle saint Jean » (Apocalypse, chapitre XVII) et qu'elle est destinée à être remplacée par la nouvelle Église formée des élus. La rupture est donc engagée, et on peut lire dans *Sur l'Œuvre*, à propos de « frères et sœurs » : « Tous ces personnages étaient singulièrement attachés à la cause de saint Augustin depuis longtemps, ils avaient renoncé au culte de Babylone et ne prenaient aucune part à ses fêtes et à ses cérémonies. C'est ce qui leur a attiré la haine et la persécution, même de la part de leurs frères, soi-disant les amis de l'Œuvre [...] Ils ont rompu toute communication extérieure avec l'apostasie et le chef des apostats, et des impies », c'est-à-dire le pape. En fait, pour eux, l'Église de Rome s'est mise en état d'hérésie en luttant contre la Vérité, pendant que les enfants de l'Œuvre ont maintenu, au milieu des épreuves, la voie droite, l'orthodoxie, ce qui peut les mener à participer aux côtés du Christ au renouvellement de la terre dans les derniers temps.

Pinel est enfin un organisateur, ce qui fait son succès*. Il devient le directeur (le «papa») de deux prophétesses, sœur Brigitte (Catherine Françoise Moreau) et sœur Angélique (Babet, dite «la Paysanne»), anciennes religieuses de l'Hôtel-Dieu de Paris, autour desquelles il forme son propre groupe convulsionnaire. Il parcourt les régions où des contacts se sont montrés intéressés, et leur fait découvrir les «journaux» des deux sœurs afin d'organiser des filiales; on le trouve ainsi à Saumur, en Languedoc, dans le Toulousain, et surtout dans la région lyonnaise, où il obtient un succès certain jusqu'à son décès en décembre 1775. C'est alors que la sœur Brigitte abandonne sa mission, sans que l'on en connaisse la raison, ce qui a pour effet de faire revenir sa consœur Angélique, partie entre-temps se marier en 1747.

Après sa mort, le rôle de Michel Pinel se voit soudain amplifié par les révélations d'Angélique, devenue à Paris la «secrétaire du défunt», dont elle a parfois la vision aux côtés de la mère Angélique Arnauld ou de François de Pâris, et d'autres grandes figures port-royalistes. L'ancien oratorien est alors vu comme le «second témoin», «premier pontife de l'Œuvre», «l'Église du règne» devant remplacer «l'Église-Babylone»: il a donc sa place dans le calendrier des groupes le 22 février, jour

* Les éléments ont été divulgués dès 1788 par le dominicain Crespe (*Notion de l'œuvre des convulsions et des secours...*), un ancien adepte, et même directeur d'un instrument, qui a quitté le groupe en 1782. Le livre *Les Progrès du jansénisme* du «frère La Croix», utilisé par certains analystes, est à éviter: il s'agit en fait d'un pamphlet du père jésuite Louis Patouillet.

de sa naissance, et le 25 décembre, celui de sa disparition. Outre les avis aux uns et aux autres, quelques réprimandes aussi, des récits de vision, des instructions ou des indications de prière, le journal d'Angélique contient le secret de la « disparition des justes » (et non leur mort), ou de leur « sommeil », avant leur retour sur terre au moment du second avènement du Christ, qui aurait été révélé en 1739 par le frère Hilaire, très prisé dans La Famille.

Un *Recueil de notices sur les instruments et les disciples de l'Œuvre dans l'Église de Lyon*, manuscrit, distingue parmi les défunts – avec qui Angélique, et les visionnaires autour d'elle, disent être en relation et pour qui ils intercèdent –, ceux « qui jouissent de la gloire (ou de la paix) de Jésus-Christ », qui sont « dans le creuset », ceux qui ont eu à subir au préalable des années de peine dans « une fosse de réserve » avant d'être « délivrés », et enfin, les plus coupables, « ensevelis dans les profondeurs de l'abîme ». Les premiers, dans le creuset, peuvent revenir sur terre avant l'échéance en s'incarnant dans des nouveau-nés : ils sont dès lors dits « renés ».

Les groupes pinélistes éparpillés forment un réseau de correspondants : on les trouve à Paris et sa région nord (notamment à Ennery-près-Pontoise, actuel Val-d'Oise, et surtout Argenteuil), autour de Lyon jusqu'à la Loire, le Mâconnais et le Dauphiné, dans le diocèse d'Auxerre, le Midi provençal, le Toulousain et Nantes. Après la mort de Pinel, ce sont sept « pontifes » (des prêtres réguliers) de Lyon qui dirigent le groupe et rendent visite régulièrement à Angélique, dirigée spirituellement par l'un d'eux et restée à Paris ; mais, parce qu'elle a été mariée, elle ne reçoit pas les « grands secours ».

Chaque structure locale est conduite par un prêtre – j'ai identifié une cinquantaine de ces « ministres de l'Œuvre » pour le seul diocèse de Lyon avant 1789, dont certains desservants de villages – et ces clercs, dits « Papas ». Ils se réunissent en public chaque mois pour compiler les visions obtenues par l'intermédiaire de leurs « instruments » et les adresser à Angélique. Certaines des séances n'ont bien souvent pour but que d'édifier, par étapes, les fidèles choisis avec soin et de les initier peu à peu aux écrits du groupe.

À l'entrée « en état » d'un « instrument », tous les adeptes sont prévenus et doivent se rendre au lieu indiqué afin de suivre les séances de convulsions, toujours sous la conduite des prêtres. Certaines ne sont le fait que de sœurs à « petits secours », présentes partout, qui ont des visions, des apparitions et reçoivent des prophéties. Comme dans toute nouvelle Église, de nouveaux prénoms, tirés « de l'ancienne loi », sont donnés à la suite d'un nouveau « baptême dans l'Œuvre » (attesté dans la Loire) ou révélés par des « instruments » : en 1798, la Parisienne Élysabeth Havet se voit donner « Esther » comme « nom d'Œuvre » par la sœur Marianne Dupont ; son époux François devient Jacob. Enfin, parmi les ecclésiastiques pinélistes, l'un d'eux est distingué en 1783 par Angélique comme étant « préféré à une multitude de ministres » et « destiné de toute éternité pour être le confesseur du règne ». Il est vrai que François Bonjour, curé de Fareins (Ain) au nord de Lyon, est alors gratifié de miracles de guérison survenus dans sa paroisse grâce à l'intercession du diacre Pâris.

Par exemple, en 1783, il fait lire à une paroissienne souffrant d'un « mal de sein cancéreux » le récit d'un miracle survenu dans le diocèse de Blois en 1737 par l'intercession du diacre Pâris lui-même. Pour obtenir un résultat identique, il lui demande de faire une neuvaine de prières à l'église, et un linge, qui a touché une image du « saint diacre », est appliqué sur la malade, ce qui fait disparaître le mal le dernier jour de la neuvaine.

Quand Angélique meurt, en décembre 1786, elle a eu le temps, en 1782, de donner une date pour la fin du monde : « Dans quinze années tout sera développé », puis « une grande persécution dans quatorze ans depuis 1788 [...] et pendant trois ans et demi ». Les pinélistes sont donc dans l'attente d'événements enfin proches alors que surviennent les prémices de la Révolution.

Le bonjourisme, ou la fin du monde en marche

C'est au milieu des ténèbres révolutionnaires, le 18 août 1792, que naît, rue des Gobelins à Paris, Élie, précurseur de la nouvelle venue du Christ ; bien plus, il doit devenir à ses 14 ans l'Esprit saint, le Paraclet. Pour le monde, Israël Élie Bonjour est le fils du curé de Fareins et de la Lyonnaise Claudine Dauphan, femme de chambre de la pinéliste Mlle de Boën. Mais dans cette nouvelle Œuvre, comme le précise un *Recueil sur la sainte Famille* précieusement conservé dans La Famille, le prêtre, déjà distingué par Angélique, comme on l'a vu, a été désigné comme étant l'homme prédestiné à la garde de la future mère, en attendant la naissance. Car Claudine a eu l'annonce d'une maternité miraculeuse, sans intervention humaine. Le curé obtient ainsi la « qualité spirituelle d'époux » et est comparé à Joseph.

Ce coup d'éclat rebat les cartes : la plupart des groupes pinélistes refusent violemment cette direction prise, alors que d'autres secouristes parisiens y adhèrent.

Avec son frère Claude, qui l'a précédé à son poste à Fareins, en 1776, François Bonjour est originaire de Pont-d'Ain, à une soixantaine de kilomètres plus à l'est. Tous deux sont passés par le séminaire Saint-Charles à Lyon, où ils ont adhéré à l'Œuvre et participé aux activités du groupe pinéliste de la ville. À Fareins, ils ont « renouvelé » le village en y enseignant le port-royalisme, puis en annonçant publiquement, lors de leurs sermons, les prédictions figuristes alors que sévit une grave crise économique (« Voilà le prophète Élie qui arrive, voilà la fin du monde ! » s'écrit-on), et enfin ils ont organisé un groupe d'initiés au convulsionnisme, qui assiste aux séances autour de quelques sœurs à « petits secours », en prodiguant des soins par application de reliques du diacre Pâris, ce qui, on l'a vu, a assuré à François une notoriété jusqu'à Paris auprès d'Angélique.

Après la disparition de cette dernière en 1786, sans doute a-t-il cherché à lui trouver une remplaçante, de même qu'il a tenté de provoquer les autorités du diocèse afin d'obtenir un procès retentissant qui ferait éclater la justesse de la cause pinéliste*. L'événement a suscité

* Pour découvrir le contexte de ces épisodes, je me permets de vous renvoyer à mon livre : *Il était une croix ou la curieuse et édifiante histoire du crucifiement de la Tiennon en 1787, et ses suites...*, Villefranche-sur-Saône, éd. du poutan, 2014. Et, avec quelques réserves, Serge Maury, *Une secte janséniste convulsionnaire sous la Révolution française.*

l'enthousiasme parmi tous les groupes hexagonaux. Et, il est à noter que même la crucifixion d'une de ses adeptes devant témoins, en 1787, dans son église – sans que mort s'en suive – n'a pas éloigné ses coreligionnaires.

Une lettre de cachet demandée par l'archevêque de Lyon et signée par Louis XVI – qui le fait enfermer dans le couvent bourguignon de Tanlay, puis dans la prison de Trévoux (Ain) – lui donne une stature de martyr pour la cause. Les trois quarts des mille habitants du gros bourg de Fareins, sa paroisse, le suivent dans sa voie singulière ; il est vrai que, malgré la sanction, il reste leur curé inamovible.

Tout juste libéré des geôles pour vice de forme, François Bonjour part s'établir, en décembre 1791, en compagnie de Claudine (dite « Colombe »), enceinte, mais aussi de sa propre servante, Françoise Benoite* Monnier (« Fanfan »), elle aussi enceinte d'un enfant qui sera le précurseur du Paraclet, Moïse. Il sera toutefois prénommé à l'état civil Jean (Bonjour) lorsqu'il naît à Paris le 29 janvier 1792, « jour de l'anniversaire de la clôture du tombeau du bienheureux saint François de Pâris » et des débuts de l'Œuvre, précise-t-on. Ces naissances divines sèment le trouble parmi les adeptes pinélistes.

Dans le diocèse de Lyon, une intense propagande est menée par les prêtres, en s'appuyant, au besoin, sur

Les Fareinistes (1783-1805), Paris, éd. L'Harmattan, collection « Chemins de la Mémoire », 2019.

* Lorsque le prénom usuel n'est pas connu, ceux donnés sont repris de l'état civil. Jusque vers 1950, le dernier de la liste était celui employé, sans que cela soit automatique.

des reliques, par exemple, une chemise d'enfant teintée de sang, ou le linge sur lequel s'est déroulé l'accouchement. Ils connaissent des succès, aux environs de Fareins ou dans le Forez (la Loire actuelle), notamment parmi les groupes de Saint-Jean-Bonnefonds (près de Saint-Étienne), Marcilly et ses environs au nord-ouest, et dans le nord de la région (entre Saint-Germain-Laval et Roanne), soit une dizaine de la quarantaine de paroisses de l'Œuvre dont souvent ils ont été curés. Cependant, eux aussi finissent par se rendre à Paris, mais sans interrompre une abondante correspondance avec leurs ouailles par l'intermédiaire d'un responsable local chargé de guider les adeptes en leur donnant des instructions précises.

Le succès est aussi au rendez-vous auprès de simples convulsionnaires qui ne sont pas de la tendance pinéliste, et qui, de leur côté, suivent une sœur Victoire Aveugle ou une sœur Cathau (Catherine Renaud*), à Paris, dans les quartiers de Saint-Marcel (celui de la nouvelle sainte Famille) et du Temple (dans le Marais). À Épinay (-sur-Seine), Pontoise, Château-du-Loir (Sarthe)**, au Mans et à Nantes. Cela dit, il a fallu que François

* Elle décède en 1803 et serait la nièce de Jean Baptiste François Villemsens, dit «Augustin» (décédé en 1817), d'une famille qui compte de nombreux prêtres port-royalistes parisiens. À ne pas confondre avec une autre sœur Catherine, Renoult/Renoud, décédée en 1819.

** Il s'agit de «filochois», du nom du moine prémontré de Vaas, Gervais Pierre Filoche ou Philoche (dit «frère Benjamin»), retiré en 1795 avec deux confrères à La Bruère-sur-Loir, au château de la Gagnerie, appartenant à sa famille.

Bonjour soit persuasif. Ainsi, une lettre dictée de manière surnaturelle le 20 mai 1743 à « frère Lacroix » est-elle exhibée (et figure toujours aujourd'hui dans les papiers de La famille). On y lit : « C'est au milieu des opprobres [...] que (Dieu) va faire apparaître le saint prophète » et qu'un « fatal naufrage » se fera par l'effet de la juste colère divine. Un *Cantique d'amour* souligne donc le contexte de l'arrivée d'Élie :

> Par les plus terribles coups / Il s'est montré parmi nous / À l'instant de sa naissance / Tout est en feu en France.

De manière plus précise, l'actualité qui accompagne la naissance divine est notée : une semaine avant, le 10 août 1792, la prise des Tuileries par les Parisiens et l'emprisonnement de la famille royale ont signé la fin de la monarchie. Pour les bonjouristes, c'est un châtiment divin qui frappe le souverain bourreau de François Bonjour. Un miracle est aussi attribué au nouveau-né : Élie a crié du 26 août jusqu'au 2 septembre au soir, ce qui est interprété comme une demande de châtiment à Dieu, qui se réalise aussitôt avec les « massacres de septembre », exécutions sommaires de prisonniers tirés au hasard des geôles de Paris entre le 2 et le 6. La continuité avec Port-Royal et les convulsions est de cette façon soulignée. Les discours des « instruments » convulsionnaires du XVIIIe siècle sont bien entendu utilisés, notamment ceux de la sœur Holda, qui a œuvré pendant quarante-quatre ans jusqu'à sa mort en 1786 : ils rappellent l'obtention toute gratuite de la grâce, la réprobation des gentils (« peuple corrompu et adultère qui a méprisé Dieu»), l'attente de la fin du monde et de «la résurrection entière pour Israël» ainsi que le retour de «l'homme de feu pour renouveler toute chose», l'Esprit saint «incarné». Fait remarquable: le baptême d'Élie est pratiqué par son père lui-même à domicile en présence d'un octogénaire, le vieillard Siméon (Hébert), présent à Saint-Médard en 1731, lors des premières convulsions, et à qui deux convulsionnaires avaient prédit qu'il verrait de ses yeux le «salut de Dieu». Ces deux convultionnaires lui ont donné, par la même occasion, ce prénom. Celui-ci rappelle le personnage portant Jésus lors de sa présentation au Temple et auquel le Saint-Esprit avait prédit qu'il verrait le Christ avant sa mort (Évangile de Luc). Enfin, une lettre de Bonjour aux époux Brachet, de Lyon, est diffusée en 1792. Elle contient une mise au point pour «le petit groupe qui n'a pas été renversé»: Bonjour leur relate l'annonce miraculeuse faite à Claudine le Jeudi saint 1791 dans l'église lyonnaise d'Ainay, puis celle du rôle qu'il doit lui-même tenir. Cela doit montrer que si la situation peut paraître contraire à la loi morale, il ne se cache pourtant pas et agit à l'image d'illustres prédécesseurs, saints patriarches ou prophètes qui, comme lui, ont obéi à Dieu, lequel ne peut pas commander de crimes. La condamnation qui doit venir des hommes aveuglés est d'ailleurs le lot des enfants de l'Œuvre et un signe que les temps de la fin sont désormais en route.

L'originalité du bonjourisme réside donc dans cet attachement à Élie, désormais présent parmi le petit nombre de ceux qui vont traverser à ses côtés l'apocalypse qui vient de débuter, ce qui suscite tous les espoirs. Les recueils, cantiques, et les lettres précieusement conservés sont emplis d'adjectifs affectueux, « enfant d'amour, noble, charmant et adorable », dont on loue les « tendres appâts », comme on le voit dans le refrain de l'un des cantiques :

Lili est mon amour / Il le sera toujours / La nuit et le jour / Lili est mon amour / Il le sera toujours.

Sa divinité est souvent affirmée : enfant « donné par Dieu », il est encore plus « l'Enfant Dieu », « Dieu sur terre [...] qu'il est doux d'aimer », ou même « notre Père ». On chante donc dans les réunions bonjouristes, à propos de sa destinée : devenir le Saint-Esprit :

L'union ainsi faite hypostatiquement / De cet ancien prophète à l'Esprit tout-puissant / Nous le rend adorable dans son humanité / Qui n'est plus séparable de sa divinité.

En revanche, une condamnation sans appel frappe tous les opposants.

À la première place figurent les catholiques éloignés de Dieu qui suivent un pape qui n'est autre que l'Antéchrist, et un clergé aveugle malgré les avertissements du diacre Pâris promu prophète de l'Œuvre. Un cantique les qualifie de « foutus jean-foutre », et un autre évoque « la garce de gentilité ». Pour leur part, les port-royalistes qui n'ont pas adhéré jusqu'au bout à la Vérité sont qualifiés d'un peu aimable « enfants bâtards ».

Bref, le groupe est bel et bien parti pour son apocalypse. Ses membres y participent même...

Les journalistes ont rapporté que les membres actuels de La Famille ne votaient pas. Les bonjouristes ont en revanche été d'ardents partisans de la Révolution, comme le rappellent les écrits du groupe. Mais, là encore, il ne s'agit que d'une option religieuse, le politique étant au service de la « grande cause ».

Les textes conservés sont clairs, la naissance d'Élie marque à la fois le début des troubles prédits qui se déroulent aux yeux de tous, et celui de la nouvelle ère tant attendue : « Dieu a permis que notre Nation, par un décret unanime, ait cessé de compter ses années depuis la naissance du Sauveur et ait commencé un nouveau calcul qu'elle a daté à l'époque de sa révolution, un mois après la naissance d'Élie. » Le calendrier républicain est établi le 24 novembre 1793, mais il est déclaré qu'il débute le 22 septembre 1792, premier jour de « l'ère des Français », et donc bien un mois après la naissance d'Élie. Les bonjouristes adoptent alors dans leur vie quotidienne ce calendrier qui mesure pour eux « le règne de l'Enfant Dieu » : il trône dans les foyers de Fareins, et sans doute aussi ailleurs ; les relations de discours, qui sont désormais tenues par les « instruments », sont datées en respectant son énumération poétique (fructidor, vendémiaire, prairial...). Des adeptes prennent aussi des prénoms révolutionnaires, et délaissent les catholiques, comme à Saint-Jean-Bonnefonds, où l'on voit des Patience, Tendresse, ou Fougère. Tous remarquent avec intérêt que Louis XVI est exécuté le 21 janvier 1793, soit cinq ans jour pour jour après avoir fait déporter François Bonjour et son frère, « le même jour du mois et de la semaine, et à la même heure », précise le *Recueil sur la sainte Famille*. La jeune municipalité de Fareins, qui est tenue par les bonjouristes après 1792, est présentée comme une « paroisse toute républicaine » par l'un des prêtres du mouvement, l'abbé Fialin, et son maire se plaît à glorifier sur ses registres une république « une, indivisible, impérissable et florissante (sic) », en juin 1794, pendant la République jacobine de Robespierre. Et même, aussitôt reçu les ordres de destruction des clochers de l'Ain, les adeptes farinois prennent leurs pioches et abattent, en ventôse an II (mars 1794), ce qu'ils qualifient de « signe de vieille croyance », tout comme ils ont vendu les cloches, les ornements et les vases sacrés « qui n'ont servi [...] qu'à flatter l'orgueil des prêtres », déclarent-ils. Depuis ce temps-là, dans leurs foyers s'affichent les portraits des jacobins Robespierre, Danton et Marat. Forts de cet engagement, les adeptes du nord de la Loire sont même désignés sous le nom de « bleus », c'est-à-dire républicains, par opposition aux « blancs », monarchistes.

Il faut dire que leurs prêtres sont aussi connus pour être de fervents partisans de la Révolution. Jean Jacques Drevet, qui a donné aux adeptes de sa paroisse de Saint-Jean-Bonnefonds le nom de « béguins » (sans doute à l'exemple des communautés pieuses de ce nom au Moyen-Âge), voit son discours de la fête de la Fédération de 1791 – dans lequel il appelle à défendre la patrie et à lutter contre les ennemis de la Constitution – retranscrit dans les registres communaux. Il discute volontiers de la révolution sociale qui commence et se satisfait d'entendre un enfant chanter *La Carmagnole*. L'abbé François

Souchon, qui a desservi Marcilly (Loire aussi), a créé un scandale lors de l'assemblée générale des trois ordres de mars 1789, où il a déclaré être favorable au mariage des prêtres en ajoutant : « Ne vaudrait-il pas mieux que les curés de campagne fissent des enfants à des épouses honnêtes et vertueuses [...] que de faire des neveux à des vachères crottées ? » ! Il est d'ailleurs assidu aux assemblées populaires de Lyon. Comme son confrère Laurent Bonnefoy, initiateur des bleus avec l'oratorien Jean Augustin Michon, il est dénoncé comme « clubiste » (c'est-à-dire comme participant aux clubs politiques qui fleurirent avec la Révolution) ; d'ailleurs Michon, inquiété à Paris, où il s'installe en 1792, peut fournir au comité de section de la rue de Montreuil une attestation des députés de son département d'origine, dans laquelle il est précisé qu'il jouit d'un « sentiment de patriotisme le plus pur et le plus ardent ». Jean Fialin, curé à Marcilly, devient aussi à Paris secrétaire-greffier d'une section d'hébertistes, dits « les Exagérés », et Claude Bonjour enfin est qualifié de « vrai républicain ». Tous exercent désormais un métier ordinaire à Paris : Drevet travaille dans une imprimerie, comme François Bonjour, et publie des journaux ; Fialin est marchand de vin ; Claude Bonjour, cordonnier à Corbeil ; et Souchon, marchand. À l'exception de Claude Bonjour, ils vivent aussi en concubinage (ce qui ne les déboute pas de leur qualité de prêtre, contrairement à ce que l'on croit) et ont des enfants.

Une expédition, restée célèbre parmi les adeptes, montre bien ce qu'est cet engagement à la fois messianique et politique.

Au début de novembre 1794, deux groupes d'une quarantaine de personnes chacun, venus des villages de la région forézienne (et quelques-uns de Lyon et Fareins), sont appréhendés par les gardes nationaux locaux dans la forêt du Pilat, au sud de Saint-Étienne : il faut dire qu'en cette période troublée tout rassemblement est proscrit. D'autres ont été arrêtés avant leur départ à Saint-Jean-Bonnefonds, et c'est une centaine de personnes qui est accusée de rassemblement suspect et illicite. Quand on les interroge, les prévenus répondent qu'ils s'appellent tous Bonjour, qu'ils vont vers le « désert » pour faire pénitence et expier leurs péchés, et de là à Jérusalem pour revoir le Saint-Esprit, « contrée où habitera le Ciel pendant le règne de mille ans ». Ils ajoutent qu'Élie est sur terre et inaugure le règne d'amour, et qu'en conséquence leur démarche est légitime alors qu'éclate la colère divine. Il est vrai qu'après la chute de Robespierre les temps sont d'autant plus troubles qu'une crise agricole frappe le pays. L'expédition a été minutieusement préparée depuis un an par les béguins : les futurs voyageurs ont reçu des instructions religieuses poussées, grâce aux convulsionnaires locaux, les plus riches ont alimenté une caisse de secours en vendant leurs biens, et une véritable municipalité est organisée pour conduire la troupe autour d'un « patriarche » qui donne les sacrements avec la prophétesse : Moïse. Il y a même un bourreau qui doit exécuter les « enfants bâtards » qui trahissent la cause. Ces officiers, distingués par leur costume vert sur une culotte noire, portent une écharpe tricolore et disent former la république de Jésus-Christ.

Pendant leur transfert à la prison, tous chantent à la fois des cantiques et des chants patriotiques. Dans leurs rapports, les représentants en mission, envoyés de l'Assemblée législative pour faire régner l'ordre dans les départements, ne peuvent s'empêcher de se moquer d'eux, non sans distiller leur culture biblique : « Ils ont oublié de se munir de passeports, il n'y a point de mer Rouge dans la République, nos gendarmes, nos gardes nationales sont plus intrépides que les soldats du pharaon et ne craignent pas d'être submergés, puisqu'ils en ont déjà arrêté plus de quatre-vingts. » Comme l'a dit l'un des professeurs de mon jury de thèse, cela ressemble à l'épopée des mormons chassés de l'Illinois, puis guidés par Dieu vers l'Ouest états-unien en 1846. Mais eux ont réussi : ils sont depuis établis dans la vallée du Grand Lac Salé, dans l'Utah, et ont prospéré.

Pendant ce temps-là, des paroissiens viennent visiter régulièrement à Paris la sainte Famille, qui s'agrandit de quelques enfants, ou même décident de s'établir auprès de « Lili » (Élie) et de son père dit « Silas » dans l'Œuvre, sans compter de nouveaux venus désorientés par la Révolution et séduits par ce recours réconfortant, comme l'affirme un recueil lyonnais.

Les écrits du groupe regorgent de récits des multiples miracles d'Élie, et, en tout premier lieu, le *Recueil sur la sainte Famille* : « En février 1793, une femme mariée, nommée dans l'Œuvre Rosalie, fut guérie d'un mal de sein par l'application du cheveu de Lili » ; le maire de Fareins et correspondant des Parisiens chasse le diable d'une maison de sa commune en brandissant un morceau du bonnet de nouveau-né d'Élie qui a, par ailleurs, guéri la sœur du curé ; « Benjamin Ruben, allant chez Silas le 12 décembre 1794, se meurtrit, par accident, le doigt, d'une manière grave.

Le sang cessa de couler, la plaie se referma, et la douleur s'apaisa, au moment où Lili l'embrassa», et ainsi de suite, tout acte, même minime, de l'enfant devenant sujet à interprétation. Élie est aussi apparu avant sa naissance au vigneron d'Épinay, Jean Thibout, qui a vu sortir de terre «un enfant nu et tout rouge qui lui a dit être Élie», et à des adeptes du Mans et de Château-du-Loir, dans la Sarthe. On trouve aussi, par exemple, des mèches de cheveux tressées de Lili dans un courrier de l'abbé Filain, saisies sur l'un des béguins de l'expédition dans le Pilat. On comprend que le départ pour Paris devienne important: une certaine Jeannette, de Fareins, affirme ainsi venir «pour se rapprocher du prophète», comme une autre de Roanne.

C'est donc une véritable colonie de passementiers béguins qui s'établit au Temple. L'abbé Drevet a recueilli le produit de la vente de nombreux biens et des dons afin de les aider à s'installer à Paris, puis il a transmis les fonds au trésorier Souchon. L'adepte lyonnais Damien Collet, propriétaire d'une fabrique de taffetas, embauche, s'il le faut, dans le quartier de Belleville; la veuve de Nicolas Desaint fait de même dans son imprimerie – dans laquelle travaille déjà François Bonjour –, où sont publiés les textes du convulsionniste dominicain Bernard Lambert. Ce sont ainsi une centaine d'adeptes qui fréquentent la famille Bonjour et ses proches. On sait aussi qu'en cette période révolutionnaire il y a à Paris une douzaine d'«instruments» convulsionnistes et pinélistes, dont la dernière arrivée chez les bonjouristes, la sœur Élise (Simone Julie Olivier*).

* Son identité est donnée dans ses *Discours*... En l'absence de preuves plus établies, et jusqu'à la découverte de sources sérieuses, je ne retiens pas les hypothèses hasardeuses faites à ce sujet, qui ne sont réalisées que par le biais de recoupements discutables.

En 1799, elle succède à la sœur Victoire Aveugle et devient vite la prophétesse principale.

Le bonjourisme rassemble finalement toutes les positions de ses prédécesseurs. Il est port-royaliste : ses fidèles espèrent toujours que la grâce efficace de Dieu leur permettra de bénéficier de ses bienfaits après leur mort et que, d'ici là, il continue à diriger leur vie sur terre. Figuriste : les Écritures saintes ont déjà montré que la persécution pour la Vérité endurée par les port-royalistes, annonce en fait la fin du monde et le retour du prophète Élie avant celle du Christ pour son règne final tant attendu. Convulsionnaire : les « merveilles » révélées par les « instruments » ont montré que cette option est bien actuelle et que les maux vont en s'aggravant. Pinéliste : les élus formeront une nouvelle Église avec les juifs réconciliés, car l'Église catholique a fauté. Depuis la naissance de l'« enfant d'amour », le bonjourisme est l'accomplissement de tout cela. Il lui reste à attendre hors du mauvais monde l'heure de l'accomplissement, lorsque Lili se réalisera en tant que Saint-Esprit, c'est-à-dire en 1806.

La naissance de La Famille

Nous entrons là dans une période, le début du XIXe siècle, où la légende le dispute à l'histoire. En bon historien, je confronte entre elles les sources à ma disposition afin d'approcher au plus près de ce qu'a pu être la réalité.

La naissance de La Famille est difficile à établir précisément, car l'essentiel de ce que l'on peut mobiliser vient d'écrits composés par ses membres eux-mêmes et forme, non une histoire dessinée avec rigueur et méthode, mais une mémoire, construite dans le but d'édifier et donc subjective. Toujours se méfier des témoins lointains... Il s'agit alors de déjouer ce piège autant que faire ce peu. Et lorsque cela ne sera pas possible, l'étude de cette mémoire elle-même sera intéressante, car elle permettra de comprendre ce que le groupe parisien a voulu retenir, ou pas, afin de se forger une identité.

Le moment Élisée

C'est dans un discours du 18 floréal an 9 (8 mai 1801) que la sœur Élise dit prendre désormais le nom d'Élisée, nom d'un prophète biblique disciple d'Élie qui a multiplié les miracles et averti ses compatriotes qu'il fallait se consacrer au culte de Dieu et non à celui des idoles (Deuxième Livre des Rois dans l'Ancien Testament). Ses « Discours généraux et particuliers », en une quarantaine de volumes manuscrits, sont quotidiens et ne diffèrent pas *a priori* des autres discours convulsionnaires avec lesquels ils sont réunis à la bibliothèque municipale de Lyon (où j'ai passé des heures à les déchiffrer) : devant moins de dix personnes, elle y donne des conseils, dévoile ses visions et ses prédictions sur la fin du monde – qui est proche – et le rôle qu'y jouera le petit Élie Bonjour, âgé de 7 ans, dit « l'Esprit », dont elle se veut l'interprète, de cette manière surnaturelle. Plusieurs rédacteurs mettent tout cela par écrit, principalement le « secrétaire », Issac Barquet (qui ajoute parfois des notes), dont on ne sait rien à part sa fonction. Le groupe bonjouriste est alors à un tournant de son histoire.

Les discours de la sœur montrent d'abord une volonté d'instaurer une « Nouvelle Œuvre » autour du futur Saint-Esprit incarné. La rupture est désormais complète avec ce qu'elle nomme « l'Œuvre ancienne » : les pratiques convulsionnaires traditionnelles sont maintenant vues comme des « actions abominables [...] qui ont eu pour principe la passion et non la volonté de Dieu », ce qui implique d'abandonner le crucifiement et les secours violents au profit de simples symboles de l'acte, qui suffisent désormais. Ce que vivent les adeptes, pris dans la tourmente révolutionnaire, les remplace amplement*.

* À noter : cet abandon est aussi prôné au même moment par la sœur Marie, « instrument » des pinélistes lyonnais.

Élisée a pourtant des convulsions, au point qu'il faut la maintenir par les membres et la tête, pendant lesquelles elle tombe parfois en « état d'enfance » et doit subir de « petits secours ». On sait d'ailleurs que le groupe de Saint-Germain-Laval (Loire) effectuait des sortes de mimes de crucifiements dans la maison de l'oratorien Michon dite « le Golgotha », de même qu'un peu plus tard une sœur Françoise, près de Toulouse*. Élisée fustige aussi des Œuvres concurrentes, celles d'une certaine Madeleine Minard à Paris, ou, en 1800, le mystérieux groupe dit « la maison de Rahab** », qui vénère un enfant de Saint-Jean-Bonnefonds présenté comme étant la réincarnation de Dieu. Le rejet des port-royalistes, qui n'ont pas adhéré à la Vérité d'Élie est tout aussi net : il faut « perdre sa science janséniste pour s'en tenir à l'alphabet de l'Œuvre », car ces faux frères, « ceux que vous appelez si bien jansénistes au milieu de vous », sont les « pharisiens de la loi nouvelle », du nom du groupe juif accusé d'avoir comploté contre Jésus.

Plus généralement, ordre est donné d'abandonner toutes les pratiques des gentils pour ne s'en tenir qu'à la Bible et à l'Œuvre, de déclarer n'être « ni catholique, ni protestant, ni juif ». En conséquence, à Fareins, les adeptes évitent tout contact avec le curé remplaçant de

* Voir le très intéressant travail de Véronique Alemany, *La Dernière Solitaire de Port-Royal. Survivances jansénistes jusqu'au XXe siècle*, Paris, Les éditions du Cerf, collection « Histoire », 2013.
** Selon la Bible, la prostituée Rahab est la seule qui, à Jéricho, a compris et accepté la volonté de Dieu de détruire la ville (Livre de Josué).

François Bonjour, qui se plaint à l'archevêque de Lyon : « Ils empêchent que j'entre dans leurs maisons et me menacent si j'insiste. Les enfants sont battus s'ils viennent au catéchisme, un domestique renvoyé s'il va à l'église », ce à quoi il ajoute la menace d'être damnés proférée contre ceux qui viendraient aux cérémonies paroissiales. Son confrère de Marcilly fait de même : « Ils sortent de leurs maisons ou se bouchent leurs oreilles pour ne pas m'entendre. »

C'est en fait toute une vie qui est ainsi marginalisée, jusque dans ses aspects profanes. Des consignes données par Élisée portent sur une attitude à tenir, ou sur la profession que doit exercer tel ou tel. Ainsi, il est annoncé à un prénommé Zacharie qu'il ne doit « point s'élever ni sortir de son état d'ouvrier », à quoi s'ajoutent, à son adresse, des conseils matrimoniaux. Des mariages sont arrangés, par exemple, celui du « mouchard Forget » avec une Roannaise. D'autre part, il est prôné de se détacher des biens terrestres. Enfin Napoléon Bonaparte est cité dès 1799, puisqu'en Égypte il aurait appelé les juifs à marcher pour rétablir le royaume de Jérusalem ; ce qui, selon la sœur, rappelant également l'annonce faite dans un discours de 1743, en fait un nouveau Cyrus, « oint du Seigneur », pour accomplir ses desseins sur terre et sauver ses enfants. Mais, à travers Napoléon, c'est le seul instrument de Dieu qui est révéré sans qu'aucun accord politique n'en découle : interdiction est faite de participer aux festivités qui célèbrent la paix entre la France et toutes les puissances continentales en novembre 1801. Une nouvelle société religieuse, hors des paroisses et de la gentilité, s'est donc organisée depuis 1792 : elle trouve ici son accomplissement, tous les adeptes sont enfants des Bonjour, dont les pèlerins du Pilat avaient pris symboliquement le nom.

En fait, le feu de la discorde couvait déjà. Dès le premier discours d'Élise du 3 messidor an 9 (22 juin 1799), François Bonjour, dit « Silas » dans l'Œuvre, s'est vu reprocher de ne pas être assez actif et a été invité à travailler davantage à la « vigne » de l'Esprit, le prophète Élie, lui, doit bientôt partir et accomplir sa mission. Dès lors, les relations se dégradent entre la famille sainte et la sœur, ce qui conduira à d'importantes dissensions internes.

Dans un premier temps, le beau-frère de l'ancien curé de Fareins subit les foudres de l'inspirée : le marchand Joseph Gavet, époux d'Anne Bonjour, se voit reprocher ses « raisonnements » et ses « calculs » ainsi qu'un manque de sincérité dans sa « pénitence », puis son avarice et sa vie dans l'opulence. En représailles, en avril 1800, le père de l'enfant divin annonce sur la foi d'un ancien discours d'une sœur Alexis, que l'Œuvre d'Élise n'est pas celle de l'Esprit.

La visionnaire attaque dans un deuxième temps les prêtres venus s'établir à Paris près d'Élie et les rend coupables de la trop grande autonomie de leurs anciennes paroisses ; elle déclare même, en novembre 1801, que l'Esprit rejette les enfants soi-disant privilégiés de Fareins, puis leur père François Bonjour, et, en apothéose le 5 nivôse an 10 (26 décembre 1801), que « l'Esprit n'a plus besoin de docteurs pour conduire l'Enfant », et cela, d'autant que leurs progénitures sont les fruits d'unions avec des « femmes prostituées ayant suivi leurs passions ». Finalement, après une année de crise, c'est Élie

Bonjour lui-même qui est abandonné : le 11 nivôse an 11 (1er janvier 1803), Élisée déclare que l'Esprit ne se trouve plus dans son « humanité », conformément à des prédictions antérieures. Le même jour, ancien discours du frère Ottin (un convulsionnaire de la moitié du XVIIIe siècle) à l'appui, François Bonjour ordonne « l'interdiction de toute communication avec les Élisiens sous peine d'incarcération ou de confiscation de biens ».

Autour des Bonjour reste pourtant la majorité des Parisiens. En province, des émissaires ont persuadé les familles isolées de Dombes de rester loyaux à Élie : les Courtois, à Trévoux, fidèles de l'ex-abbé Souchon, sont convaincus par une visite de l'intermédiaire de la famille à Fareins, Jean Laurent. Des conférences sont même organisées à Paris entre les prêtres du groupe : à leur issue Fialin reste auprès des Bonjour, mais Drevet et Souchon suivent Élisée dans sa rupture. Ceux-ci sont pourtant vite réticents à la nouvelle direction qu'impose la sœur, qui reconsidère son rôle au sein de l'Œuvre en l'amplifiant et tente d'instaurer des ministères féminins. Dès juin 1803, Souchon se retire, après s'être justifié dans une lettre de 24 pages, et Drevet fait de même en 1805, mais on ne sait pas quelle voie ont suivie leurs fidèles respectifs et leurs « instruments » locaux dans la Loire, sans compter les nouveaux, comme cette sœur « Marie Marguerite Thècle » qui est « animée quelques fois surnaturellement » à Orléans en 1801.

On note qu'en mars 1803 la tentative de l'abbé Souchon, venu à Fareins pour persuader les fidèles de travailler le dimanche et d'y substituer le samedi (shabbat juif) – comme l'a alors prescrit la sœur Élisée – est un échec ; les fidèles en effet lui répondent vouloir rester « catholiques ». Il faut pourtant nuancer le constat. Dans son rapport de 1803, le sous-préfet de Trévoux mentionne des défections parmi les 600 « fareinistes » (pour 1 300 habitants) et fait la distinction, parmi ceux qui restent, entre un premier tiers, qu'il décrit comme des « affidés des Bonjour » qui communiquent activement avec la famille et fournissent des postulants au départ pour Paris » ; les 40 % qui préfèrent les sacrements prodigués par les « commissaires » du groupe sans y participer activement ; et un dernier tiers retenu contre son gré par une pression familiale ou patronale.

Cependant, des béguins de la Loire continuent de se rendre à Paris auprès d'Élie, dans l'entreprise Collet, rue de l'Orillon, dans le quartier de Belleville. D'autres arrivent de la région parisienne, tel Jean Thibout, venu d'Épinay – une région très touchée par le port-royalisme – à Paris en 1801, où il y a été embauché comme gommeur de taffetas, avant de devenir le portier des Bonjour, au 15 rue Campagne-Première à Montparnasse. Il est vrai que la destinée du petit prophète doit trouver son accomplissement en 1806.

L'évanouissement d'un prophète

Le prophète Élie s'évanouit d'abord physiquement de Paris. Le matin du dimanche 20 janvier 1805, une perquisition est menée par la police chez François Bonjour, et la vingtaine de participants à la cérémonie qui s'y déroule est interpellée. Le *Recueil sur la sainte*

Famille précise que l'événement, une « persécution contre l'Œuvre », vient juste d'être prédit par la « sœur Coteau » et par Élie lui-même, alors âgé de 12 ans, qui, la semaine précédente, a dit : « Sauvons-nous, on nous poursuit ! » Après que les deux frères Bonjour ont été incarcérés, et le jeune Élie placé dans un hospice, afin d'« effacer les funestes impressions que ses parents lui ont communiquées », toute la famille est autorisée à partir en Suisse près de Lausanne le 29 mai, à Ouchy, avec quelques adeptes et les divins prisonniers relâchés ; les Bonjour espèrent pouvoir trouver auprès de parents des moyens d'existence.

L'opération de police trouve son origine dans la démission, en 1802, du maire bonjouriste de Fareins, Michel Bernard. Par ce geste, il refuse le rétablissement du culte catholique dans sa commune, comme l'exige le nouveau régime concordataire mis en place après l'accord entre le Premier consul Bonaparte et le pape Pie VII. Étonné par la démarche, le préfet de l'Ain interroge le sous-préfet de Trévoux, qui, en réponse, en juillet 1803, lui remet son enquête, dans laquelle il attribue au groupe des mœurs dépravées et s'inquiète des liens maintenus avec la capitale. Le préfet transfère le tout à Paris en septembre, en insistant sur un éventuel danger pour la vie du Premier consul à partir d'une interprétation de quelques passages des cantiques bonjouristes où il est question de l'élimination de « la Bête montée sur le trône » (cantique *À la troupe d'élite*). Pourtant, son subordonné a auparavant expliqué qu'il s'agissait ici du catholicisme remis en place par le Concordat.

Cela suffit pour que le ministre de l'Intérieur, Jean-Antoine Chaptal, installe une surveillance des suspects. C'est une dénonciation qui conduit les autorités à s'intéresser aux réunions suspectes du faubourg Saint-Marcel, et le lien avec le danger signalé l'année précédente est aussitôt fait; d'ailleurs la découverte dans le local de trois fusils et d'un baril de poudre, ainsi que de 10 000 francs en or et argent, justifie les craintes. Il n'est pas impossible que les dissensions au sein du groupe aient provoqué l'acte de délation: une lettre de François, d'octobre 1804, a violemment condamné de mystérieuses erreurs soutenues par Souchon, lui-même séparé d'Élisée depuis un an. Dans une autre, c'est un ancien oratorien qui est accusé, en août 1805, d'avoir donné les noms de trois adeptes de Nantes pour «se maintenir dans les bonnes grâces de son confrère Fouché» (alors ministre de la Police). Quoi qu'il en soit, ce que l'ancien curé de Fareins présente comme le «nouvel exode en Égypte» disloque définitivement le groupe des anciens curés bonjouristes.

En mai 1806 intervient la banqueroute de Drevet, qui distribuait et recueillait les fonds pour les adeptes s'installant à Paris: il est hors de doute que le départ d'Élie, en mai 1805, a tari le principal approvisionnement de la caisse, ce qui incite son détenteur à s'installer, lui aussi, en Suisse, avec son ancien vicaire Antoine Lafay et leurs familles respectives, après un passage éclair à Lyon et dans la Loire.

Souchon, ruiné également, est poursuivi, puis devient simple employé jusqu'à son décès place des Vosges en 1811.

Fialin, inquiété en 1806, se retire à Nantes avec quelques adeptes, sans doute des béguins, comme sa compagne, et y devient « homme de loi ». C'est alors que chaque groupe local perd le contact avec son ancien prêtre initiateur, mais tous restent liés aux exilés de Suisse, qu'ils vont visiter ou avec qui ils correspondent.

« Nous voilà commençant une nouvelle carrière. C'est ainsi que s'est accomplie la disparution (sic) depuis longtemps annoncée. C'est sans aucun regret que nous avons quitté la grande cité, pour nous retirer dans une autre Égypte. Votre séjour dans Babylone est autant l'ordre du Bon Papa que notre fuite était nécessaire. » François Bonjour exhorte ses fidèles à la patience dans cette lettre du 3 juin 1805, toujours conservée dans La Famille, et leur conseille de vivre « dans la retraite, dans le silence et dans une dépendance entière des volontés du Bon Papa, vous contentant de le suivre sans jamais le prévenir ni rien prévoir » afin de se préparer au « grand dénouement », car « celui que vous aimez s'éloigne de vous sans vous quitter ». Dans les courriers qui sont échangés entre Paris et Ouchy, on voit que chacun y va encore de son calcul pour déterminer la date de la persécution finale, qui doit devancer la fin des temps : Bonjour y répond en juin 1806, en s'appuyant sur une parole d'un frère d'Élie en écho à un ancien discours du frère Ottin : « Il y a au moins neuf ans à attendre pour le fort de la persécution et cinq pour le commencement. » Il annonce aussi par prudence que l'avènement du Saint-Esprit en son fils Élie est repoussé à la majorité du prophète, soit 1813. Mais la foi dans le « petit Lili » s'émousse fortement, d'autant qu'un discours de la sœur Élisée a annoncé qu'avec son « enlèvement » du 20 janvier 1805 la mission d'Élie était finie : il n'est désormais pour elle que « la figure de justice », son « humanité divine » s'étant détachée de lui pour commencer sa mission. Bonjour prend acte, en 1810, des nouvelles défections – qu'il lie au toujours plus petit nombre de ceux qui seront appelés à être sauvés – mais, pour lutter contre ce qu'il qualifie de « léthargie mortelle », il envoie son saint fils, en janvier 1811, « dans la grande Babylone qui n'a pu le souffrir et l'en avait chassé ». Il demande également aux fidèles parisiens d'être sur leurs gardes, « quels épais et quels affreux que soient les voiles dont il se couvrira ». Même si cela provoque un nouvel afflux de fidèles à Paris, la mission d'Élie est bien obscure : il se contente d'être employé comme commis chez Damien Collet, puis épouse sa fille le 4 janvier 1812 en présence de Jean Jacques Drevet, avant de repartir en Suisse deux ans plus tard, non sans avoir commencé à fonder une famille.

C'est ce qui détermine sans doute l'ancien curé de Fareins à ne plus faire mention dans sa correspondance, après août 1811, de la grande mission d'Élie. Il continue quand même à entretenir dans l'attente les bonjouristes restés fidèles, par exemple, en 1814, avec la Restauration royale, minée selon lui par les jésuites, ce qui est le signe que le moment approche « où le mystère d'iniquité va être accompli, vérité certaine dont vous verrez vous-même l'accomplissement ». Mais, deux ans plus tard, il tente encore de tempérer la déception face aux échéances qui n'arrivent pas, provoquant la multiplication des abandons : « Eh ! que sommes-nous pour fixer l'époque des moments de Dieu ? Lui, pour nous surprendre, n'est-il pas le maître de différer tant qu'il lui plaira ? »

Élie, de son côté, a hérité, au décès de son beau-père, en juin 1814, de l'usine de taffetas gommé, et revient s'établir à Paris en 1819, ainsi que petit à petit toute sa famille, sans plus jouer de rôle religieux*.

Les adeptes de Fareins, et sans doute ceux installés près des Bonjour à Paris, continuent de rester fidèles à leur ancien curé, même si celui-ci n'évoque plus, dans les courriers qu'il leur adresse après 1817, la mission de son fils ni l'attente du règne du Saint-Esprit. Toutefois, il prend soin de leur préciser que s'il leur semble ne plus y avoir de prêtres pour les sacrements, « vous en avez un, invisible, qui vaut plus que tous les autres ensemble », ce qui signifie que les rituels peuvent être effectués par des laïcs inspirés, guidés par Dieu lui-même, ou que des visionnaires existent encore, comme une certaine « Dodon Gavet », nièce des Bonjour. Les fidèles suivent donc les directives du prêtre jusqu'à son décès à Paris le 24 avril 1846, puis celles de certains de ses enfants, qui leur fournissent à l'occasion un emploi et les soutiennent encore en 1874 contre des tentatives de conversion menées à Fareins par des dominicains. Les Farinois gardent en outre dans leurs bibliothèques un album de portraits de la famille élue ou de leurs lieux d'habitation,

* Industriel, il est colonel de la Garde nationale de Paris et, en cette qualité, mène la charge contre les républicains révoltés de la barricade Saint-Merry, en juin 1832, ce qui lui vaut la Légion d'honneur et une mention dans *Les Misérables* de Victor Hugo. Il acquiert ensuite une filature à Ribemont (Aisne), où il décède en 1866.

ainsi que des ouvrages de ses membres comme la thèse de droit de Phileas Abel Bonjour, fils d'Élie, de 1846*.

Du côté des Fonréziens, moins liés sentimentalement à la personne du pasteur, avec qui ils n'ont plus de contact, le groupe des béguins de Saint-Jean-Bonnefonds a réuni autour de lui les fidèles des autres petits cénacles régionaux : son responsable est en contact permanent avec la capitale, ce qui lui permet d'interroger des visionnaires – dont une sœur Gabrielle et un doyen, dit « le père Gouilloud » –, tandis que tous continuent d'étudier la « grande Œuvre » d'Élisée en y cherchant les signes annonciateurs d'une nouvelle venue d'Élie. Ils vont connaître un réveil en 1846, deux jours avant la mort de François Bonjour, avec l'accueil de ce nouvel Élie en la personne d'un prédicateur mendiant, Jean François Digonnet, qu'ils surnomment le « Petit Bon Dieu »**.

De son côté, Élisée, qui avait annoncé, au moment de l'arrestation des Bonjour en 1805, que sa mission était finie, raréfie nettement ses discours jusqu'en juin 1811 ; selon son secrétaire, retirée à Versailles, elle meurt en décembre 1817.

Mais d'autres à Paris s'apprêtent à suivre une voie différente.

* Les derniers membres identifiés à Fareins ont disparu dans les années 1980.

** Les béguins de Saint-Jean-Bonnefonds existent toujours. Ceux de Paris ont disparu dans les années 1970 : le fonds « fareiniste » de la bibliothèque municipale de Lyon, qui contient les discours de la sœur Élisée, vient de leurs derniers possesseurs.

La mémoire de La Famille date sa création de janvier 1819 : Jean Thibout, l'ancien portier des Bonjour, est attablé dans un bistrot de Saint-Maur avec le négociant en épicerie François Joseph Havet, chacun a posé sa pièce sur la table, lorsqu'une troisième apparaît mystérieusement à côté des leurs. Aussitôt, ils y voient un signe du Saint-Esprit les invitant à lier le destin de leurs familles. Mais il nous faut revenir à l'histoire, et la bonne vieille méthode chronologique va nous aider grandement à comprendre ce qui s'est passé, en triant parmi ce qui est éparpillé dans les papiers du groupe.

Thibout semble être au cœur de la sortie du bonjourisme. On a vu qu'il a rencontré la sainte Famille en 1801 – il a 39 ans – lors de son arrivée à Paris : il a la réputation d'avoir eu la vision prémonitoire de la naissance d'Élie, alors qu'il n'était encore que vigneron à Épinay-sur-Seine. Il est ensuite le portier des Bonjour, et c'est à ce titre qu'il a été arrêté avec eux en 1805. Le gardien semble très proche de Lili : son propre fils, Augustin, doit son prénom, très port-royaliste, à un choix du petit prophète – qui devient son parrain – à sa naissance en 1802. Surtout, le petit Augustin, dont on constate qu'il a, lui aussi, des dispositions surnaturelles, dit que son père a été laissé à Paris, car Lili, 13 ans, lui a demandé de « prendre soin de ses enfants en son absence ». Selon la tradition de La Famille, le futur Paraclet lui aurait remis « sa houlette et son manteau », à leur domicile, rue de Montreuil, en disant qu'il reviendrait à cet endroit, au pied de la porte du bâtiment*. Gommeur de taffetas chez le bonjouriste Damien Collet, et habitant à une demi-heure au sud dans le même arrondissement (aujourd'hui le 11e), Thibout prend soin d'envoyer aux exilés les relations de ce que lui-même ou son fils ont eu comme visions. Dans l'une, le Seigneur lui a dit : « Ne prenez pas les Suisses pour des apôtres, c'est la bête à sept têtes », ce qui, avoue-t-il, le met dans l'embarras, car il s'agit de la bête de l'Apocalypse, dont Bonjour doit « exercer le ministère » : comment celui qui a été leur guide jusque-là pourrait-il être aussi un envoyé du diable, la fameuse bête qui, émergée des eaux, d'après le livre de l'apôtre Jean, est assoiffée de pouvoir et de sang ? Une vision de son fils de 1810, qu'il envoie à Élie, dont il se dit le serviteur, dénonce même des proches des Bonjour, « ceux qui travaillent chez MM. Collet et Drevet » et certains des intermédiaires de Fareins et de Saint-Jean-Bonnefonds. On notera qu'il s'agit du moment où les tensions sont au plus haut chez les bonjouristes, entre fidèles de la sœur Elisée opposée aux Bonjour et aux soutiens de ceux-ci, et du début de la remise en cause de la mission d'Élie. C'est de cette période que date la rupture progressive des Thibout avec les Bonjour, symbolisée par celle entre les deux enfants inspirés, racontée dans le *Recueil de la sainte Famille* : Lili traite Augustin de « jean-foutre » et ce dernier le qualifie de « chien pourri ». Le texte constate surtout que le petit Thibout a pris de l'importance, car,

* Je ne donne volontairement pas l'adresse exacte afin d'éviter le voyeurisme malsain. De toute façon, il n'y a rien à voir, sauf si l'on s'intéresse à l'architecture urbaine.

selon ses proches, il pourrait être « saint Jean Baptiste rené », celui « qui viendrait dans l'esprit et dans la vertu d'Élie, pour réunir les cœurs des pères avec leurs enfants et préparer au Seigneur un peuple parfait ». Il semble cependant qu'une distinction soit faite entre Élie Bonjour, physiquement présent au monde, et le prophète qui s'est incarné en lui, corps mystique, ce qui explique que certains aient pu rester fidèles à cet esprit à travers sa matérialité, malgré tout. Des discours convulsionnaires sont pour cela à nouveau utilisés : ils annonçaient déjà que des « voiles » devaient couvrir la sainte mission d'Élie, ce qui pour eux semble en effet se réaliser. L'explication est donnée par un familier de Jean Thibout, Barthélémy Déchelette, ancien précepteur de Lili, qui annonce à son ami avoir vu le saint prophète Élie associé à son fils pour accomplir la volonté du Seigneur.

Entre-temps, un rapprochement de différentes familles autour de saint Jean Baptiste rené s'est effectué. La lecture attentive des « vies » des uns et des autres, et de leur généalogie, nous permet en fait de distinguer deux groupes, dont la fusion est symbolisée par la rencontre de Saint-Maur.

Dans la sphère des Thibout se trouvent d'abord ceux qui ont été bonjouristes, à commencer par les proches de la famille. On y rencontre en effet le frère cadet de Jean Thibout, Casimir, dit « Mimi Jean Baptiste » ou « Mir » en « nom d'Œuvre » : lui aussi a été favorisé par des visions et habite rue de Montreuil. Les sœurs Percheval, Marie Catherine et Émelie, les filles de la troisième conjointe de Jean, Marie Catherine La Groux, la mère d'Augustin, décédée en 1806 : elles seront les compagnes de fils Havet vers 1819-1820. On peut associer à cette base familiale, Barthélémy Déchelette, dit « le Grand Déchelette », précepteur de Lili, né à Thizy (Rhône) en 1781, et dont les parents, aubergistes, sont venus dans la capitale, rue de la Montagne-Sainte-Geneviève, non loin de Saint-Médard et du domicile des Bonjour. Lui et son frère, Pierre Marie, vidangeur à La Villette, sont en couple, vers 1819, avec des adeptes de la Loire. Pour le premier, avec Jeanne Bertail, née à Saint-Jean-Bonnefonds (fille de « la Grande Marianne »), et pour le second, avec Marie Anne Françoise Pulin, originaire de Roanne (à 20 kilomètres de Thizy), dont le père, Benoît, fabricant d'eau de javel, est venu s'établir à Paris vers 1810.

À ces familles béguines et bleues, on peut en ajouter d'autres, originaires de la Loire et ses alentours : Claude Marie Jean Chenard de Mauzerand, dit « Oncle Mauzerand », fils d'un avocat au parlement, originaire lui aussi de Thizy. Il dirige la maison Richer à La Villette, où travaillent plusieurs « amis », dont Pierre Marie Déchelette. On peut ajouter Pierre Poncet, que l'on surnomme « le marchand de Boismond » (ou Beaumont) en référence à son métier de marchand de bois quai de La Rapée, sur la Seine. Il est né à Saint-Just en-Chevalet dans la Loire et est arrivé à Paris vers 1773 : ami de Jean Thibout, dont il est l'employeur, qui, lui aussi fait des annonces. Pour finir, on trouve, Claude Jacques Bachelet, qui travaille également pour Poncet comme scieur, un ancien vigneron de Champigny (Yonne), venu à Paris après son mariage dans sa paroisse natale en 1816.

Le groupe Havet est moins étoffé. Il appartient à une autre tradition qui n'a pas suivi les Bonjour. Il est issu de l'entourage d'une sœur convulsionnaire parisienne, décédée à 81 ans en 1819, Catherine Renoult ou Renoud. La visionnaire a été dirigée par le père Dominique Antoine Debar jusqu'à son décès en 1804, un dominicain pinéliste responsable d'une réédition de la *Vie du diacre Pâris* en 1788. Catherine Renoud a connu les sœurs Brigitte, Angélique et Holda, et assisté aux séances du frère Pierre. La sœur reçoit d'ailleurs à l'occasion les adeptes lyonnais pinélistes chez qui elle a été un temps se réfugier. En 1817, dans un discours d'adieu, elle annonce que son père lui a dit que le temps de se taire était venu, qu'il faut laisser maintenant parler les événements, ce qui a peut-être déterminé les Havet à se tourner vers une autre Œuvre, un an avant la rencontre avec les Thibout.

François Joseph Havet, né à Paris en 1759, est le fils d'un marchand de gros venu de la Somme, lui-même devient négociant en épicerie. Son entrée dans l'Œuvre se fait par l'entremise de son second mariage, en 1794, avec Élisabeth Claude Pelletier, dont le père, avocat au parlement, aurait été converti sur la tombe du diacre Pâris, et dont la mère est issue de la famille Leroy – des avocats qui ont défendu des port-royalistes. Par ailleurs, le frère d'Élisabeth Pelletier, l'avocat Jean Louis Michel Pelletier, dit « saint Michel » dans l'Œuvre, aurait eu comme parrain, en 1769, le frère du père Pinel. Élisabeth, qui, dans La Famille, est surnommée « Maman Yette », comme son époux est « Papa Yette », a décrit à ses petits-enfants leur « entrée dans l'Œuvre », en 1798, alors qu'avec son mari ils revenaient de la première campagne d'Italie de Bonaparte, que François

Joseph avait suivi comme employé d'intendance. L'une de ses tantes, Élisabeth Madeleine Le Roy de Maupertuis (épouse de François Ternier de La Ribeyrie) a servi d'intermédiaire. Fréquentant plusieurs cercles convulsionnaires, elle les a en effet conduits auprès de la sœur Catherine, dont les «états» réunissent une quinzaine de personnes chez elle les dimanches et les jeudis (les Havet accueillent même chez eux, pendant six mois, les réunions du jeudi vers 17 heures). Ils assistent aussi, comme nous l'avons vu, aux secours prodigués à une «femme de confiance» de la tante Ternier, Marianne Dupont, sous la direction du dominicain sécularisé Jean Claude Blanchard (décédé en 1800), chez M. Boulard, dans le Marais, «Siméon Samuel dans l'Œuvre», que l'on retrouve interpellé par la sœur Élisée quatre ans plus tard quand il décide de prendre ses distances avec elle. C'est chez M. Boulard qu'ils reçoivent leurs noms d'Œuvre, Jacob et Esther.

Maman Yette donne aussi les noms de ceux qui ont fréquenté les mêmes cercles convulsionnaires : on y trouve le frère Pierre, soit l'avocat au parlement de Paris Pierre Olivier Pinault, décédé en 1790 et célèbre «instrument de discours», Mathieu Moron de Valence dit «frère Noir», trésorier de France et conseiller au parlement (décédé en 1790), ou le frère Thomas, nom du mathématicien Jean Lambert du Long, adepte de l'Œuvre, décédé en 1783, qui a écrit contre «les faux mystiques illuminés». Parmi les quatre convulsionnaires à grand secours qui sont cités* se trouvent Agathe Joubert et sa sœur Anne,

* Les deux autres sont «Mme Nolis» et «Pinard Fouillon», sans plus de précisions.

mariée depuis 1782 à Jean Joseph Baptiste Tabary, qui est sans doute le relais avec les Bonjour, dont il est le correspondant parisien, en 1805, lorsqu'ils sont en Suisse. Ce dernier est dit « membre de l'Œuvre ». Connaissant déjà la naissance d'Élie, il procède, en 1796, au Mans, au « mariage mystique » d'un prêtre, Jean Jacquin de La Barre (dans l'Œuvre, « Basile »), et de sa domestique « Manette », veuve Moreau. Manette est ensuite mariée officiellement à un « ami » cardeur, René Pierre Francis Rémond, et de cette union mystique serait né, deux ans plus tard, le nouvel Abraham, qui va lui aussi prophétiser. Devenu marchand de bas, il épouse, en 1817, une fille des Havet. Or, c'est cet Abraham Rémond qui serait allé chercher, fin novembre 1818, le marchand Poncet, chez qui travaille aussi son frère utérin (Michel Jacques Moreau, dit « Oncle Moreau »*), qui lui-même présente Thibout aux époux Havet en décembre. Ainsi les plus convulsionnaires rejoignent les bonjouristes déçus, ou frustrés.

La plupart de ces familles vont dès lors rester dans l'entourage des Thibout et des Havet. Certaines forment même une communauté dans une grosse maison bourgeoise, dans le quartier de Champignol de l'actuelle Saint-Maur-des-Fossés, acquise en octobre 1818, par les Havet, qui, selon la mémoire du groupe, « quittent tout » pour s'y installer. Jean Thibout arrive avec sa conjointe, Victoire Ledemoiseau, d'une famille bonjouriste venue à Paris de Madré en Mayenne, et ses enfants. On l'a

* Il est le fils de Manette et de son premier époux Michel Moreau, décédé en 1792.

vu, les deux belles-filles de Jean Thibout se mettent en ménage avec deux fils Havet, Walstein (dit dans l'Œuvre « Gad », décédé en 1883) et François, et son fils, Augustin « saint Jean Baptiste », avec l'une des filles, Esther. Un autre fils Havet, Victor (né du premier mariage de Papa Yette), fait de même en 1819, avec Jeanne Chafanjon, originaire de Saint-Étienne-le-Molard dans la Loire, qui, avec sa famille, a participé à l'expédition de la république de Jésus-Christ.

Les unions ne se font pas à la mairie, pas plus d'ailleurs que les deux dernières de celui que l'on nomme « Papa Jean » ; mais le 25 février 1819, selon des *Anecdotes sur Champignolles* laissées par Maman Yette, « Abraham donna l'anneau à Esther, devant Sarah et moi, après l'avoir retiré de la boîte du saint dépôt », alors qu'il s'était marié tout à fait officiellement à Paris, deux ans plus tôt, avec Sarah Havet. Il est précisé qu'il ne sera l'époux d'Esther qu'en juillet 1821, alors que sa femme est toujours vivante. On peut se demander s'il ne s'agit pas dans ce cas d'unions mystiques ; d'ailleurs quelques-unes, comme celles des enfants Havet, sont régularisées plus tard après la naissance d'enfants. Quoi qu'il en soit, un cantique intitulé *1819 saint Jean*, sans doute en l'honneur de saint Jean Baptiste Thibout, proclame :

> Tous assemblés pour le fêter, / Ne formons plus qu'une seule famille ; / Plutôt mourir que le quitter... / Vive saint Jean qui donnerait pour nous sa vie.

Les unions sont aussi annoncées surnaturellement, par Abraham en 1818 ou l'année suivante par Gad « dans l'état d'Œuvre». Abraham donne aussi en mars 1819 sa bénédiction à une domestique mourante, Marie Nicole Robert, qui est l'une des prophétesses du groupe. C'est aussi lui qui, dès 1817, avait annoncé aux Havet, ses beaux-parents: «Notre maison est une maison à part, personne n'a le droit sur notre maison, personne ne doit critiquer ce qui s'y dit et ce qui s'y fait, ni faire de questions sur elle.» Il a d'ailleurs lancé l'anathème sur une certaine Marguerite «parce qu'elle n'a pas la même croyance que nous» et qu'elle risque de diviser le groupe, avant de préciser qu'elle a émis des doutes sur sa propre enfance. Abraham termine sa diatribe par une sentence qui montre l'importance qu'il a parmi les siens: «Je suis ce que Dieu veut; c'est à Dieu de faire connaître les personnes et non aux personnes de se faire connaître.» En 1819, dans le même ordre d'idée, il dira: «Je crois être de ceux que Dieu réserve pour les derniers.»

On remarque qu'il n'est plus question de la mission d'Augustin saint Jean Baptiste, âgé de 20 ans lors de l'épisode Champignol. C'est sans doute de cette période que date ce que Walstein Havet, dans ses *Mémoires* tardives, qualifie de découragement de Jean Thibout face à la conduite de son fils, sans plus de précisions; une attitude, «un voile qui cachait l'envoyé de Dieu», qui a perturbé aussi nombre de ses proches.

La communauté de Champignol ne dure que quatre années, car, dès 1822, les différentes familles sont de retour dans le 11e arrondissement actuel de Paris, et notamment rue de Montreuil, leur quartier, sans qu'aucune explication sérieuse ne soit donnée. Une rumeur, relayée sans vérifications historiques par Nicolas

Jacquard, prétend qu'il y aurait eu des différends avec les voisins. En effet, ceux-ci auraient réprouvé les « mœurs libérées » qui y régnaient. Quoi qu'il en soit, c'est dans l'Est parisien que le groupe, qui n'a pas encore de nom, va devenir pour tous La Famille.

De quoi La Famille est-elle le nom ?

C'est au XIXe siècle, après l'essai manqué de vie communautaire à Champignol, que se forge l'identité de ce qu'on appelle La Famille. Au cours de cette période, les éléments de ses héritages (mes fameuses « poupées ») viennent se cristalliser et former une identité originale. Surtout, et comme pour nombre d'autres groupes parents que j'ai étudiés, se pose alors la question de la permanence. Elle sera résolue par une organisation originale de la communauté, avec, pour la souder, l'élaboration d'un fonds commun de croyances et d'idées. Du moins, est-ce ainsi que, jusqu'à très récemment, La Famille a fonctionné.

Une organisation ? Quelle organisation ?

Les Havet, Thibout et consorts se retrouvent donc dans l'Est parisien en revenant de l'actuel Val-de-Marne. La rue de Montreuil était déjà le lieu de domicile des Thibout, et l'endroit où il se dit qu'Élie doit revenir lorsque la fin des temps sera imminente. Or, il va de soi qu'un groupe, surtout s'il s'étoffe, ne peut pas subsister sans un minimum d'organisation.

Le 8e arrondissement, 11e depuis 1860 pour la partie qui nous intéresse, est aussi celui où le frère d'« Augustin »

Villemsens – maître batteur d'or chez qui le groupe d'Élisée se réunissait – Jean Baptiste Villemsens, est juge de paix : il habite, en 1832, rue Popincourt, où son frère (décédé en 1817), maire adjoint, réunissait les auditeurs de la sœur Élisée en 1804. C'est plus au nord que l'atelier des Collet, puis d'Élie Bonjour, a accueilli nombre de bonjouristes, rue du Faubourg-du-Temple, et bien des familles qui restent fidèles à François résident près de là, à la Courtille (ou barrière de Belleville), lieu alors connu pour ses cabarets populaires dits « guinguettes ». L'Oncle Mauzerand y habite aussi et, comme directeur de la réputée Compagnie de vidange Richer à La Villette (la vidange des fosses d'aisance), il emploie Pierre Marie Déchelette et un autre natif de Thizy comme eux, Paul Sophonie Chevroton, qui y est conducteur de bœufs.

Le réseau tourne à plein et rassemble encore bien des membres du groupe dans cette partie populaire de Paris : Poncet, le marchand de Boismond, emploie, quai de la Rappée, Jean Thibout, « Papa Bachelet », et Michel Jacques Moreau, comme corroyeurs. C'est même par ce moyen que d'autres familles viennent les rejoindre dans l'Œuvre en étant gainiers rue Popincourt. Le premier est Jean Louis Maitre, dit dans l'Œuvre « Victor », vers 1825 (il a 58 ans). Menuisier originaire de l'actuel Val-d'Oise, son fils, qui travaille aussi quai de la Rapée, se met peu après en ménage avec une fille de Jean Thibout. François Xavier Fert, dit « l'Aîné » (né en 1796), dont la famille est originaire d'Étampes (Essonne), y est gainier et a pour compagne avant 1827 la fille de son collègue Maitre ; son frère Just Sylvestre, « cadet » (il est né en 1799), épouse une fille de passementiers originaires de la Loire, les

Meyer, dont la mère a participé à l'expédition de la république de Jésus-Christ, celle avortée des adeptes Foréziens vers Jérusalem. C'est l'Aîné qui amène à l'Œuvre un de ses collègues, Alexandre Marie Napoléon Sanglier, un trentenaire tout juste arrivé depuis son Pas-de-Calais natal vers 1832. L'Aîné lui recommande d'abord des lectures de « ce qui s'est passé du temps de la sainte maison de Port-Royal » (d'après les *Mémoires de Grand-Père Walstein*), puis, devant ses questions insistantes sur le saint prophète Élie, il obtient la permission de l'instruire à ce sujet alors que Sanglier désire venir habiter rue de Montreuil. Peu de temps avant, les deux frères suisses, les Sandoz, à Paris depuis 1807, sont aussi initiés lors de leur travail comme gainiers. Le cadet, Ulysse Henri, né en 1796, est en ménage avant 1827 avec une béguine qui vient de Marcoux (Loire). Nicolas Jacquard rapporte que plusieurs de ces fidèles logent alors dans un immeuble qui appartient aux Havet rue de Montreuil. Quoi qu'il en soit, c'est bien d'un regroupement dans un quartier d'une douzaine de familles au moins dont il est question. Et de la naissance d'une sociabilité à base religieuse, de plus en plus... familiale.

Tout corps constitué se donne une tête dirigeante, ce qui ne semble pas être le cas de nos membres de l'Œuvre. On remarque pourtant que certains sont chargés d'une tâche particulière, comme Papa Bachelet qui s'occupe des cérémonies jusqu'à son décès en 1878 au 15 de la rue de Montreuil. Ce qui nous est indiqué sans plus de précisions dans les *Mémoires* de Walstein. De même, il signale au passage que Papa Jean Thibout baptise dans l'Œuvre, à plusieurs reprises jusqu'à son décès en 1836. Il en a été de même à Fareins, chez ceux restés bonjouristes, mais les témoins de l'époque précisent que l'ascendant de ces dirigeants, réel, n'est pas sacralisé : ils ne sont que des officiants non consacrés agissant en l'absence de prêtres sans les remplacer « au nom d'un mandat donné par Dieu », comme l'a prôné François Bonjour, sur « l'autel invisible de nos cœurs », précise un Lyonnais. Un héritier de ces pinélistes lyonnais, désignés sous le nom de « Petite Église », répond plus généralement en 1893 à *La Croix* : « Il n'y a pas de maître parmi nous, mais simplement des anciens qui sont plus particulièrement chargés de conserver les traditions et de faire connaître leur avis dans les circonstances ou cas difficiles sans que personne ne soit tenu de les suivre. »

À Paris, comme dans la grosse quinzaine des autres groupes parents*, l'autorité est surtout dévolue à chaque chef de famille, dit « Papa », et aux plus instruits des Vérités de l'Œuvre, comme chez les béguins, par exemple. Une certaine prééminence est donnée aux personnes encore inspirées surnaturellement – une dizaine de visionnaires pour l'ensemble des groupes, ou ceux que l'on identifie par un « nom d'Œuvre » – et, dans La Famille en gestation, à chaque fils aîné des « Augustin Thibout ». Ceux-ci étant, en effet, toujours

* Pinélistes d'Argenteuil et de Notre-Dame-de-Vaulx (Isère), anticoncordataires de la région lyonnaise et de Provence, communicants de la Loire, de Troyes et d'Orléans, bonjouristes de Fareins et de Paris, béguins de la Loire, de Paris et de Nantes, filochois de Château-du-Loir (Sarthe), blancs du Charollais, élus de Sainte-Hélène (Saône-et-Loire), pinélistes de la région toulousaine et du Mâconnais.

prénommés Augustin, selon ce qu'avait décidé Lili. Leur liste chronologique figure à la fin du *Recueil sur la sainte Famille*, (après celle des membres de la famille Bonjour), avec leur date de naissance : après Augustin saint Jean Baptiste, décédé en 1837, un an après son père Jean, suivent Henri Augustin (« Papa Thibout ») en 1822, puis Augustin Eugène (l'« Oncle Thibout ») en 1842, Paul Augustin (l'« Oncle Auguste ») en 1863, etc. La mémoire du groupe dit qu'après sept de ces Augustin le temps de la fin du monde sera proche. La famille Thibout jouit donc d'une sorte de suprématie, comme d'autres dans chacun des autres groupes dissidents ; par exemple, à Argenteuil, la famille Fautier jusque dans les années 1960* ou les Bernard à Fareins.

Un autre gage de maintien est le souci de la transmission. L'auteur des notes des *Mémoires* de Walstein raconte que son grand-père, Valéry Sanglier (1890-1968), les emmenait les jours de repos dans « les lieux chargés d'histoire de La Famille », et que la grand-mère de celui-ci, Angélique Marie Claudine Bachelet (1834-1917), fille de Papa Bachelet, « l'avait instruit » auparavant. En 1840, Élysabeth Havet précise pour ses petits-enfants « qui n'ont pas eu le bonheur de voir de [leurs] yeux les secours, ni d'entendre de [leurs] oreilles les discours », mais qui ont lu « la vie pénitente du saint thaumaturge » (le diacre Pâris) : « Dieu a voulu dans sa miséricorde que

* Ce groupe pinéliste a été étudié par Sylvain Hilaire pour son mémoire de maîtrise soutenu à l'université Paris XIII en 1999 : *Une communauté janséniste à Argenteuil au XIXe siècle. Du terreau janséniste à l'engagement sectaire.*

nous fussions présents les uns aux autres, pour le redire à nos enfants et à nos petits enfants.» Une entreprise de collecte des écrits est partout attestée, notamment des discours des frères et sœurs convulsionnaires ou des cantiques qui sont encore composés au XIXe siècle, mais aussi de ce qui est écrit sur Port-Royal ou par les «amis». Des sortes de bibliothèques centrales sont ainsi organisées dès le début du XIXe siècle, l'une contituée de 140 ouvrages, par exemple, dans une maison de Fareins, mais des milliers de livres dans celles des Lyonnais. Chaque cellule familiale a aussi quelques livres: vous pouvez en avoir un aperçu avec la liste de ceux que possédaient des Lyonnais, que j'ai publiée en annexe de mes *Amis de l'Œuvre de la Vérité*, aux côtés de nombreux textes recopiés par les uns et les autres, sans doute pour les faire apprendre. S'y côtoient des écrits des anciens prêtres de l'Œuvre, ou de partisans des convulsions, des histoires de Port-Royal du siècle précédent, des livres pieux port-royalistes et d'autres d'éducation. Pour nos Parisiens, la tâche a été accomplie par Casimir Thibout, frère de Jean, qui a ainsi constitué ce qu'on appelle le «petit cabinet», avant sa mort en 1857. À Fareins, ceux conservés dans une «armoire bibliothèque» sont prêtés à l'occasion, comme à Lyon ou à Argenteuil, où les adeptes qualifient cet ensemble de «trésor». Mais on l'a vu, tous les manuscrits ne sont pas mis à la disposition de chacun, et certains sont même expurgés, ce qui se vérifie avec le *Recueil sur la sainte Famille*, que j'ai consulté, sur lequel il est précisé «non censuré», d'autres exemplaires expurgés doivent donc circuler. Le savoir religieux est ainsi plutôt relégué dans l'intimité des foyers, sous la responsabilité du chef de famille, là encore, sauf à Lyon, où deux écoles primaires privées ont été organisées*. Ailleurs, l'école non confessionnelle, et donc publique, est toujours privilégiée : des Farinois l'ont jugée « plus indépendante en matière de religion, plus impartiale » tout en soulignant l'importance d'être instruit. D'ailleurs, l'« Oncle Volny » Havet (né en 1795) est réputé avoir été l'un des premiers « bacheliers des lettres » de France, l'examen étant instauré en 1808. Mais c'est la connaissance des vérités religieuses qui prime, comme l'a écrit l'abbé lyonnais Germain à ses fidèles : « Vous êtes à l'école de l'Œuvre sainte à l'exemple des saints de Port-Royal qui ont souffert pour la Vérité persécutée », puis « il faut maintenir intact le dépôt sacré qui doit passer de main en main jusqu'au cher Israël, à qui il va retourner » (*Avis et exhortations aux enfants*).

L'unité du groupe s'explique aussi – surtout ? – par son homogénéité sociale et sa structure familiale. Mais là non plus rien d'original chez nos Parisiens. On l'a vu, dès la constitution progressive des années 1819-1830, les enfants des mêmes familles s'unissent entre eux, et plus rarement à l'extérieur –, ce qui paraît, petit à petit, la seule voie d'entrée de nouveaux adeptes : un curé du Forez a noté, pour le déplorer, que : « Lorsque l'un des époux est catholique, la partie catholique est perdue. » Le souci primordial est que la cellule familiale, support de l'engagement religieux, ne soit pas entamée, au risque, dit une Farinoise, d'être renié pour avoir quitté « la religion de sa famille », ce qui arrive dès les débuts

* Elles sont aujourd'hui « sous contrat ».

du siècle. En revanche, et contrairement aux autres groupes parents, les Parisiens de La Famille n'ont pas été à la recherche de conjoints d'autres communautés proches idéologiquement, sans doute à cause de son origine centrée autour du binôme Thibout/Havet : l'habitude a été prise à leur image de se marier entre-soi, parmi les familles du groupe. Que ce soit à Fareins, à Saint-Jean-Bonnefonds ou à Argenteuil, et donc à Paris, les naissances sont nombreuses, plus de quinze enfants parfois, ce qui est dans la Bible un symbole de bénédiction : « Telles des flèches aux mains d'un guerrier, tels sont les fils de votre jeunesse. Heureux l'homme qui en a rempli son carquois ! » (Psaume 123 : 4-5.)* Il s'agit là aussi, bien entendu, d'un facteur important du maintien du groupe au-delà des défections possibles, les naissances comblant (ou surpassant) les départs.

Outre cette unité familiale forte, les métiers modestes sont privilégiés, ce qui facilite, là encore, la cohésion : en Forez et en Dombes, ce sont de petits exploitants agricoles ou des artisans, des tisseurs à Lyon, et des ouvriers à Paris, passementières, brodeuses ou dévideuses de soie, perlières, couturières et journalières pour les femmes, et pour les hommes, outre les gainiers et vidangeurs que nous avons déjà rencontrés, des découpeurs en marqueterie et menuisiers, un sculpteur sur bois-carrossier, des bottiers, et un peintre sur porcelaine. On le voit en parcourant les écrits de Walstein Havet, ou du moins

* On peut citer aussi dans la Genèse (1 : 28), s'adressant à l'homme et à la femme tout juste créés : « Dieu les bénit, et Dieu leur dit : Soyez féconds et prolifiques, remplissez la terre, et dominez-la. »

les annotations biographiques qui y ont été apportées. Cela n'empêche pas que certains sortent du rang comme le « marchand de Boismond » ou le directeur de la maison Richer, qui embauchent les « amis », et même un fils Havet, qui devient avocat, ou Abel Maitre, fils de Jean Thomas, mouleur puis sculpteur spécialiste de la restauration d'objets archéologiques, qui devient inspecteur au musée d'Archéologie nationale de Saint-Germain-en-Laye, à son ouverture en 1867. Cela dit, une leçon port-royaliste incite peut-être à choisir avant tout les métiers manuels, car, comme l'a dit, dans un de ses « règlements de vie » manuscrits, l'abbé Jacquemont, un des chefs de file des convulsionnaires de la Loire, eux seuls permettent, à l'exemple du diacre Pâris, de ne pas cesser de prier à chaque instant de la journée et d'éviter l'oisiveté afin de « chasser les pensées inutiles ».

Enfin, la concentration en groupes géographiques est partout la règle et permet une solidarité dans l'adversité. Tous sont rassemblés en des points précis. Pour les plus ruraux, dans le Forez, à Fareins, dans l'Isère. Pour les blancs du Charollais (Saône-et-Loire)*, ce sont, par exemple, les hameaux où résident les plus anciennes familles, les plus attachées à l'identité paroissiale, là où leurs ancêtres ont été les plus réceptifs aux discours du prêtre à l'origine de leur dissidence : Le Petit Culty, qui surplombe le Saint-Jean-Bonnefonds de Jean Jacques

* Marie-Aimée Duvernois, « Les blancs : minorité anticoncordataire : microdifférence religieuse et identité régionale dans le sud de la Bourgogne », dans *Archives de sciences sociales des religions*, 1987, n° 64-1 (juillet-décembre), p. 157-176.

Drevet, Le Perrat, Le Bicheron et Le Guillermin au nord-est du Fareins des frères Bonjour, par exemple. À Lyon, comme à Paris, ce sont les quartiers où les entreprises de membres de l'Œuvre ont embauché les adeptes qui sont privilégiés, tel celui de La Croix-Rousse à Lyon, alors en pleine expansion avec le travail de la soie des fameux ouvriers canuts. Il en est de même dans l'ancien 8e arrondissement parisien, quartier ouvrier par excellence où les petites entreprises artisanales se multiplient au XIXe siècle, dans les domaines du textile, du bois, du verre et de la céramique, qui sont ceux qu'apprécient nos dissidents. C'est ce qui permet de mettre en œuvre une entreprise de solidarité qu'un adjoint au maire de Saint-Jean considère comme étant « un des fondements du maintien du groupe ». Les Lyonnais, très organisés, financent une caisse de secours, grâce notamment aux revenus de vignes du Beaujolais (crus brouilly et côte-de-brouilly), héritées en 1870 de la famille de l'abbé Germain, et cultivées par une prolifique famille de vignerons du groupe. Une ferme communautaire a semble-t-il joué le même rôle pour les béguins de Saint-Jean-Bonnefonds, chacun versant en outre une obole « comme il peut » ; un témoin signale aussi, en 1893, leur « extrême solidarité », des aides aux plus nécessiteux, et même une mise en commun « pour la table », entre voisins. À Paris, une « caisse des Cosseux » est tenue pour la première fois plus tardivement par Charles Paul Rodolphe Maitre (1861-1928) alors que son cousin, Auguste Thibout (1863-1920), acquiert (au nom du groupe, peut-être) la propriété sise à Villiers-sur-Marne, où on prend l'habitude de se rassembler pour les fêtes.

Cette solidarité n'est pas qu'une application concrète du principe de charité chrétienne, une vertu qui doit guider les croyants. Elle est aussi héritée de la pratique clandestine du réseau port-royaliste à travers la fameuse caisse de secours dite « boîte à Perrette », créée en 1695 pour soutenir les amis persécutés, et qui se transmettait via un système de tontine – les fonds se léguant par testament aux héritiers des premiers détenteurs, comme cela se pratique encore au XIXe siècle dans la société Saint-Augustin, héritière parisienne du mouvement*. Cela dit, la solidarité est aussi de nécessité lorsque l'on entend vivre à l'écart de la masse catholique que l'on réprouve, ou éviter les quolibets qui ne manquent pas d'arriver alors que la presse à bon marché se développe : à la parution d'articles les concernant, les béguins ont tous résilié à la fin du siècle leur abonnement au *Mémorial de la Loire*. Il est vrai qu'ils y étaient traités de « naïfs croyants » ou de « prétendus inspirés » pratiquant un « culte fantaisiste » !

Le groupe familial est donc la cellule mère de toute l'organisation. C'est ce qui a donné son nom à notre groupe parisien, La Famille, sans qu'il soit possible de déterminer à quelle période cela s'est fait ni s'il vient des adeptes eux-mêmes ou de leurs observateurs extérieurs, après avoir constaté que les « oncles » et « tantes » y étaient des appellations courantes. La dénomination « famille », avec les guillemets, est quand même utilisée dans les notes des *Mémoires de Grand-Père Walstein*, mais

* Voir Cécile Gazier : *Histoire de la société et de la bibliothèque de Port-Royal*, Paris, 1966, imprimé par les PUF.

à une date inconnue. Il s'agit en tout cas d'un puissant facteur de maintien des effectifs, même si des départs ont toujours eu lieu. On comprend les états d'âme qu'exprime, en 1893, un dissident anticoncordataire poitevin – qui n'appartient pas à l'héritage port-royaliste – à l'un des responsables de Lyon alors qu'il va revenir dans le giron de la « Grande Église » : « Cet abandon qui, en apparence, ressemble d'assez près à une désertion [...], et dans lequel l'amour-propre ne trouve pas son compte, tout cela jette sur vous un je-ne-sais-quoi de défavorable*. » Dans les groupes fervents et familiaux, quelle que soit leur option religieuse, quitter cette foi, c'est aussi abandonner sa famille.

La communion d'idées

Appartenir à une communauté, d'autant plus si elle est religieuse, implique aussi un engagement dans un état d'esprit collectif et original. C'est surtout ce qui distingue La Famille de l'Église romaine et permet à ses membres de se dire malgré tout catholiques, ce qui peut se discuter. Les paroles à ce sujet prononcées par Lili pour un jeune appelé, non datées, sont conservées dans des *Anecdotes sur Champignolles* : « Si on te demande si tu es de cette clique, de cette secte, qui ne va pas aux églises, tu répondras : je ne suis d'aucune clique, d'aucune secte, et c'est parce que je suis de la religion de Jésus-Christ que je ne vais pas aux

* Cité par *L'Ami du clergé* du 19 juin 1952. Le correspondant lyonnais est Marius Duc, vice-président de la chambre de commerce et membre d'une influente famille du groupe régional.

églises. » Or, cet ensemble, hérité des divers mouvements, se fige au XIXe siècle.

L'ensemble est résumé dans une *Lettre de mon père*, datée du 20 mai 1742, dont il est dit que l'auteur serait le frère de La Croix, « vicaire de la Vérité »*. Chaque homme arrivé à l'âge de raison doit, selon les instructions du frère lui-même, la lire, la copier, en faire « constamment le sujet de [ses] méditations », puis la conserver sur lui « jusqu'à ce que tout soit fini », ce qui se fait encore aujourd'hui. De manière globale, les adeptes donnent une place centrale à l'apocalypse établie dans le livre de Jean, soit à la révélation par Jésus-Christ à l'apôtre, saisi par l'Esprit, de « ce qui doit arriver bientôt » (1 : 1) et la façon dont son peuple doit être délivré des forces du mal qui vont l'assaillir.

La *Lettre* permet de distinguer trois moments dans ce qui est une interprétation des temps vécus et à venir.

En premier lieu, les moments présents sont perçus comme étant ceux des épreuves et des dangers : la *Lettre* avertit que, « au milieu des opprobres et des plus grands opprobres que vous allez faire paraître » (c'est-à-dire envoyés par Dieu pour éprouver les fidèles), et même « réduits dans le dernier abattement », il ne faut pas être « trompés ni séduits », car « le prophète vient entouré avec les faux prophètes » qui sont autant de « séducteurs » dont les méfaits vont inonder toute la terre. Les cantiques décrivent aussi un temps où les enfants de l'Œuvre seront

* La date varie selon les copies : 20 mars, 30 mai... Certaines mentionnent aussi le « frère Lacroix, vicaire de la charité ». Aléas du recopiage inattentif...

aveugles pour expier leurs crimes, ce qui est un moyen de les juger dignes, ou pas, d'être sauvés par Dieu – qui est le seul juge –, sans que chacun sache ce que sera sa destinée : l'un d'eux, dans des *Plaintes d'un enfant de l'Œuvre*, évoque l'état déplorable de son cœur, sa frayeur et sa détresse à l'idée de ne pas être à la hauteur de ce qu'exige le « Grand Dieu ».

Déjà, le 1er janvier 1803, François Bonjour avait rappelé la description faite par le frère Ottin d'un moment qui lui semblait s'annoncer plein de souffrances, d'abandons, d'angoisses et d'affreuses persécutions. Il s'agit de ne pas tomber dans l'erreur, à l'instar du reste des chrétiens, la gentilité, ce « peuple ingrat et pervers » ainsi que le chante le cantique *Malheurs des gentils répudiés* : « un monstre d'impiété » pour ne pas avoir, depuis les débuts de l'Œuvre, entendu les avertissements, « suite du plan de Dieu sur son Église », nés à Port-Royal et sur le tombeau de Saint-Médard (*Recueil de pièces concernant les galeries*, volume 2).

Mais que faire en attendant l'heure du jugement final ? La *Lettre* affirme que Dieu soutient ses enfants dans les épreuves, qu'il les instruira « à mesure que les temps approchent » en envoyant pour chaque piège tendu « une lumière pour l'éviter », et, déjà, il leur fait sentir chaque jour que le danger existe. En attendant, il leur est conseillé de prier, de faire pénitence, de se « coller à ma croix », de l'arroser de leurs larmes, de « crier vers moi comme l'unique lumière capable de dissiper ces épaisses ténèbres », de gémir continuellement afin de se « garantir de la terrible séduction qui va se faire » et de vivre dans la retraite. Là encore les paroles du frère Ottin viennent confirmer ce propos : il faut « se cacher dans le secret [et] se fourrer sous la terre pour le prier ». Un discours d'une sœur Rachel, de 1746, intitulé *Bénédiction du saint prophète Élie*, contient l'espoir que Dieu « vous mette sous cette tente qu'il a tendue lui-même, sous laquelle ses enfants doivent tous se reposer et se rafraîchir pendant qu'il exercera ses vengeances sur la gentilité, dont vous êtes séparés », la tente étant sa miséricorde.

Nos Parisiens ont bien compris le message : Élysabeth Havet annonce à son petit-fils en 1840 que sa génération est « dans le tombeau » et qu'il faut attendre et « prier le Seigneur qu'il nous fasse la grâce de ne point rougir des opprobres dont son prophète sera couvert ». La *Règle de conduite. Discours du frère Ismaël*, de 1748, vient enfin confirmer ces mesures : la retraite intérieure consiste à ne pas parler de l'Œuvre à l'extérieur du groupe, sauf si l'on se sent inspiré. Ces « lumières » envoyées par Dieu s'incarnent dans les états d'Œuvre de quelques-uns, principalement, comme on l'a vu, saint Jean Baptiste Thibout, dit « réuni à Lili », dont Déchelette compose en son honneur un cantique, attribué à sa sœur Émelie, où il est chanté sur l'air *De la soirée orageuse* :

> Tes amis sont tous comme moi, / Ma bouche leur sert d'interprète, / Leurs cœurs seront toujours pour toi, / Ce jour est le jour de leur fête. / Ils attendent l'heureux moment / Où remplis d'une ardeur fidèle / Ils sauront chérir, en mourant, / Ce Dieu dont l'amour fait ton zèle.

C'est aussi en pensant à lui que Papa Yette proclamait dans ses cantiques son « bonheur d'avoir fait la connaissance » de cet « ambassadeur du Seigneur ».

De même, les *Mémoires de Grand-Père Walstein*, de 1850 à 1881, ne sont en fait qu'une longue suite de rêves prémonitoires par lesquels lui ou ses proches reçoivent des messages de disparus, des informations sur ce qu'ils sont devenus en attendant l'espoir de leur résurrection finale. En septembre 1876, par exemple, il voit ainsi son frère Volny (décédé depuis cinq ans) lui demander « ce que je dois penser de ma propre conduite », ce à quoi il répond qu'il doit s'« humilier sincèrement en la personne du Seigneur ». Et, en février 1878, il comprend par son rêve qu'il n'est « qu'impuissance et ne peut marcher dans la droite voie ». Même guidé par les lumières de Dieu, et tout en observant les préceptes recommandés, chacun est soumis à ce que sera la décision du « Très-Haut », une philosophie somme toute bien port-royaliste.

Le troisième moment est espéré et sera, selon les textes du groupe, une surprise : c'est celui de la délivrance à venir, ce que la *Lettre de mon père* nomme « consolation » et qui, aujourd'hui encore, n'est pas advenu. Dans cette période que tous appellent de leur vœu, Dieu va faire paraître le « véritable prophète », qui, d'une part, va « consoler Israël », le « tirer de son état de mort où il est plongé depuis longtemps », puis, en second lieu, va sauver les « petits enfants de miséricorde » au milieu du « fatal naufrage qui se fera alors par un effet de [sa] juste colère », chacun espérant être du nombre de ceux qui se verront alors confirmer qu'ils sont « de l'Œuvre », les « enfants nouveaux », comme les nomment les cantiques. À eux se joindra « pour le renouvellement » sur une terre nouvelle le « coffre de Jésus-Christ », c'est-à-dire « les enfants qui sont morts dans l'Œuvre ou la foi de l'Œuvre »

(*À Saint-Médard*). Jusqu'ici, cette attente est peu ou prou conforme à la révélation de Jean à propos de la fin de ce monde, résumée par l'écrit intitulé *Sur l'Œuvre:* «Moïse et Élie, montés au ciel après leur résurrection, en redescendront avec Jésus-Christ pour exterminer d'un souffle l'Antéchrist, qui les aura mis à mort. Puis pour régner sur leur peuple bien-aimé... », «pendant mille ans», annonce le cantique *Vie public du prophète.* L'Apocalypse de Jean termine ce cycle terrestre par le Jugement dernier des hommes, qui seront définitivement sauvés ou damnés, et la fin de la terre, les élus régnant désormais au ciel.

La Famille se distingue cependant par l'identité du prophète : les écrits du groupe montrent que s'est conservé un grand respect pour Élie Bonjour. Le 31 décembre 1821, Déchelette lui envoie une fable et le prie d'intercéder auprès du Seigneur afin «qu'il nous donne des cœurs dignes de sa miséricorde et de son amour». Bien plus, Walstein évoque encore dans ses *Mémoires* «la sainte Famille», et, en 1878, le «saint prophète Élie», dont il précise l'identité : «Israël Élie Bonjour». Une canne du «prophète du Seigneur» qui, précise-t-il, est «M. Bonjour», est même en possession de «l'ami Fert cadet» qui, se voyant mourir, la donne à Philippe Bertail ; sa nièce Mélie (Émelie Bertail) la met ensuite près d'elle dans son lit «par le respect qu'elle avait pour Lili». Enfin, une note a été ajoutée lorsqu'Élysabeth Havet annonce en 1840 que le prophète commencera sa mission à une date qui ne peut être connue : il est indiqué qu'il s'agit de «Bonjour Daniel*, surnommé Élie, né en

* Il s'agit du prénom donné à Élie lors de son séjour en Suisse.

1792 ». Un événement miraculeux, et donc signe de Dieu, vient confirmer cette identification ; voici ce qui est ajouté dans une note aux *Mémoires de Grand-Père Walstein* : « Ici je désire rapporter ce qui m'a été dit de plusieurs anciens à propos de la mort du saint prophète Élie. Certains amis avaient remarquer (sic), rue de Montreuil, que le soir du mardi 4 septembre 1866, le ciel était anormalement rouge. Ils apprirent quelque temps après que c'était l'heure et le jour où le saint prophète Élie avait quitté cette terre*. » Comme il avait été déjà dit, une distinction est peut-être encore faite entre l'esprit et le corps d'Élie revenu « sous les voiles » (cantique *Les Adieux à la sainte Famille*). Quoi qu'il en soit, il s'agit bien là d'un héritage du bonjourisme.

Comme le veut la tradition du groupe, La Famille se forge bien son identité au XIXe siècle, mais de manière plus complexe qu'elle le prétend. Elle est l'héritière du port-royalisme, dont elle voit la persécution comme un déclencheur de la colère de Dieu, utilise les annonces des frères et sœurs convulsionnaires pour décrypter les temps nouveaux, conserve la lecture millénariste de ceux-ci issue du pinélisme, et y ajoute l'attente d'Élie qui a été, un temps au moins, Lili Bonjour. Cet ensemble, qui ne se situe plus sous l'autorité du pape, la rend davantage chrétienne que catholique. On peut d'ailleurs ajouter une dimension anticléricale à l'unité des groupes : dans

* Israël Élie Bonjour, négociant, est mort à cette date à Ribemont, dans l'Aisne, « en son domicile, faubourg de l'abbaye, à cinq heures un quart du soir. » (État civil.)

le cantique *Sur le nouveau clergé français*, on chante (air : *Du vaudeville des visitandines*) :

> Faux Apôtres du Divin Maître / Vous avez altéré sa Foi /Vous soulever (sic) contre la loi / Est-ce ainsi que vous êtes prêtres (bis).

Cet engagement se double, comme dans tout le bonjourisme, par une adhésion à la république qui a renversé le trône et l'autel. Des cantiques sont composés sur l'air de *La Marseillaise*, ainsi *L'Amour attendu* ou *Les Deux Amours*, hymne révolutionnaire que l'on chante à Fareins, en juin 1815, pendant les Cent-Jours, en plantant un arbre de la liberté, avant de prêter un « serment républicain ». La seule originalité, par comparaison avec ses groupes parents qui ont les mêmes structures de permanence, est que La Famille se fonde sur la rencontre d'individus autour des Thibout et la cohésion exclusive qui en naît. Mais, comme eux, son isolement dans l'attente des jours meilleurs promis n'est vécu que comme un autre signe, celui que ses membres peuvent espérer appartenir au petit nombre d'élus qui sera sauvé à la fin des temps. « Attendons », a écrit Élysabeth Havet.

Être de La Famille aux XXe et XXIe siècles

En fait l'Histoire ne se fige jamais. Si les croyances de La Famille sont bien établies au XIXe siècle, il n'en va pas de même pour les préceptes de vie en commun qui, avec les aléas du temps qui passe, et comme dans tous les groupes religieux, vont être plus ou moins marqués par les changements de société, particulièrement importants depuis plus de cent ans. Contrairement à ce qu'a chanté le grand Brassens en 1961, « le temps ne fait rien à l'affaire » (et Molière avant lui dans *Le Misanthrope*), en matière de religion, si ! Nombre d'affiliations protestantes, ou issues du protestantisme comme les Témoins de Jéhovah, voient dans ces temps de progrès effréné un signe supplémentaire de déliquescence du monde, qui le conduit à sa perte – une appréciation qui n'est pas pour déplaire, on s'en doute, à nos enfants de l'Œuvre. D'un autre côté, dans un moment où l'information de toute sorte se diffuse à grands pas jusque dans l'intimité des « téléphones intelligents », et face aux résistances que cette évolution occasionne, d'autres ont pu être davantage tentés par un assouplissement. Comme toujours en histoire religieuse, c'est d'une tension entre « anciens » et « modernes » qu'il s'agit, tension à laquelle La Famille n'échappe pas.

Les raidissements de «Mon Oncle Auguste»

Un tournant décisif se produit dans les années 1880-1890. Il est impulsé par celui que tous appellent «Mon Oncle Auguste», l'un des «Augustin» aînés des Thibout qui ont une certaine aura dans La Famille. Paul Augustin*, est né en 1863, rue de Montreuil, et exerce de nombreux métiers, de doreur à fort des Halles ou employé de commerce. Il vit avec sa cousine germaine, Émilie Célina Thibout, couturière ou fleuriste selon le moment, de qui il a eu au moins sept enfants à partir de 1887, et déménage d'abord dans le 20e arrondissement de Paris avant d'acquérir, comme on l'a vu, une villa à Villiers-sur-Marne, dite «Les Cosseux», où il décède en 1920.

Mon Oncle Auguste a la réputation d'être peu commode, ce que montre une photographie de mars 1905 sur laquelle il a l'air renfrogné, sous sa casquette, avec un visage empâté, moustachu et peu souriant, vêtu d'une veste de travail et bedonnant; il en impose aussi par sa stature de 1,90 mètre, son aspect trapu ou massif, et ses discours qui savent être persuasifs, dit-on encore aujourd'hui. C'est avant tout un «inspiré» qui exauce par la prière certaines demandes (par exemple, faire cesser la pluie lorsqu'il parle). Et surtout, selon un membre actuel de La Famille, il a «donné du sens» au groupe en établissant», sans rien écrire, ce que l'on

* Suzanne Privat a méticuleusement noté pages 124-125 qu'il était désigné selon les actes sous différents prénoms, Paul Augustin, Paul Auguste... On peut y ajouter sur son acte de décès Auguste Paul Armand. Ceux donnés ici sont tirés de son acte de naissance.

nomme « les frontières », soit des règles de vie transmises oralement à appliquer strictement et qui distinguent un peu plus la communauté du monde extérieur. Son initiative est d'autant plus personnelle qu'il en a eu l'idée, précise un mémoire, en revenant de l'enterrement d'une tante Sandoz le 11 avril 1886, alors que son père et son grand-père Thibout (celui-ci né à Champignol en 1822) – deux « Augustin » – sont encore vivants.

Ces nouveaux préceptes peuvent être classés en trois catégories qui concernent la vie quotidienne : ne pas les respecter expose à subir les foudres du Tout-Puissant et à se rendre coupable du malheur qui frappe le fidèle et son entourage, voire à être renié par La Famille.

La première est le retour à la simplicité. Tout d'abord les indications d'Auguste, en 1886, concernent « ses enfants » : les garçons ne doivent être « ni employés, ni contremaîtres, ni patrons », ils doivent aller « le moins possible à l'école », tandis qu'aux filles, l'école, pourtant obligatoire en France depuis la loi Ferry du 28 mars 1882, est interdite, tout comme le sont pour elles le travail en atelier, les chapeaux (« alors même qu'elles seraient mariées »), les bijoux et les « coquetteries ». La tradition rapporte aussi qu'elles ne doivent pas se couper les cheveux – ce qui peut être vu comme un signe supplémentaire que l'on ne doit pas être soigné à l'excès* – ni porter de pantalon, un interdit pour toutes les Françaises qui date d'une loi de 1800, très légèrement assouplie en 1892 pour celles qui font de la bicyclette

* Suzanne Privat donne la justification d'alors : elles doivent pouvoir se draper dedans pour paraître devant Dieu.

ou du cheval, et par ailleurs un précepte biblique*. Cette volonté de simplicité dans l'apparence rappelle ce qu'avait préconisé dans ses règlements de vie l'abbé Jacquemont dans la Loire, qui a déclaré que «les habits sont la marque du péché [...] Il est indigne pour une femme chrétienne de mettre sa gloire dans ce qui doit la couvrir de honte», rappelant qu'Adam et Ève ont dû se vêtir après avoir commis le péché originel, c'est-à-dire avoir désobéi à Dieu. Un témoin de Fareins a ajouté qu'il ne faut aux femmes, pour tout luxe et ornement, que les plus simples vêtements, et, en 1788, un correspondant de François Bonjour remarquait qu'il portait lui-même des habits sombres afin d'avoir un «extérieur de pénitence». À Saint-Victor-sur-Loire, au XVIIIe siècle aussi, des prières demandent à Dieu l'humilité nécessaire pour «se dégager des choses d'ici-bas» en haïssant les richesses et en aimant la pauvreté qui y est associée, et Jacquemont surenchérit en prônant qu'il «faut fuir toute délicatesse, tout ce qui ne sert qu'à flatter le goût ou les sens». À la fin du XIXe siècle, cela se traduit, parmi «les frontières», par une réticence envers les arts. Auguste propose donc de revenir en quelques sortes aux sources afin, comme ses devanciers, de ne tourner ses actes et ses pensées que vers Dieu seul. Une rigueur somme toute très «janséniste», comme le refus du prêt à intérêt (et non du crédit), rappelé par Auguste, qui est aussi une interdiction chrétienne

* Deutéronome 22 : 5: «Une femme ne portera pas des vêtements d'homme; un homme ne s'habillera pas avec un manteau de femme, car quiconque agit ainsi est une abomination pour le Seigneur ton Dieu.»

traditionnelle, car le gain d'argent ne peut venir que du travail, non des intérêts, et le temps (du remboursement) n'appartient qu'à Dieu. À partir de 1899 prospère d'ailleurs l'entreprise lyonnaise des automobiles Berliet, qui applique ce principe : Marius, le fondateur, est membre de la Petite Église de la ville.

Le deuxième ensemble de préceptes est destiné à s'éloigner, autant que possible, du reste du monde, qui, rappelons-le, court à sa perte, et de son influence néfaste. C'est alors que Mon Oncle Auguste aurait interdit les unions en dehors de La Famille afin de ne plus faire entrer de nouveaux non-initiés : la dernière, celle de Pierre Élisée Sanglier, a lieu en 1892. Cela a eu pour effet de restreindre l'ensemble aux neuf patronymes des familles subsistant alors*. La mémoire du groupe ajoute que, lorsqu'il n'en restera plus que sept, la fin du monde sera proche. Quoi qu'il en soit, les adeptes parisiens ont toujours été réticents au passage devant le maire pour leurs unions, alors que, depuis 1792 (puis par le Code civil de 1804), celles religieuses ne sont pas reconnues légalement et ne doivent pas précéder le mariage civil, sous peine de sanction. L'habitude a été confirmée avec le rêve d'Élysabeth Louise Thibout (née en 1818) qui a entendu, à une date inconnue, son demi-frère Augustin saint Jean Baptiste, lui dire, tandis qu'elle préparait sa cérémonie à la mairie : « Ne t'en va pas, ne te marie pas, ne sors pas. » En revanche, un « Oncle Auguste », indéterminé, mais qui n'est pas Mon Oncle Auguste, aurait déclaré à la compagne de Walstein

* Ce sont les familles Thibout, Havet, Déchelette, Fert, Maitre, Sanglier, Sandoz, Pulin et Bachelet.

Havet qu'il ne faisait pas de différence entre les deux types d'unions ; ce que ce dernier juge dans ses *Mémoires* conforme aux « instructions que le Seigneur donne aux enfants de l'Œuvre ». Mon Oncle Auguste tranche cette ambiguïté en ne validant que la cérémonie de mariage faite au sein du groupe. La défiance semble en effet de mise vis-à-vis des autorités, pourtant républicaines depuis 1879. Mais, là encore, un certain retour à la tradition catholique peut en être la raison. Le cantique *Les Deux Amours* (sur l'air de *La Marseillaise*) illustre cette opposition entre « les deux cités » (reprenant la distinction faite par « saint Augustin ») :

> Chacune forme une patrie / Dont l'amour décide du sort. / Jérusalem est pour la vie / Et Babylone pour la mort. (bis) / Le démon bâtit la dernière, / L'autre a l'Éternel pour auteur...

Les règles d'Auguste comprennent aussi l'interdiction du vote et celle de prendre un emploi dans la fonction publique, ce qui fait penser à ce qu'affirment les Témoins de Jéhovah – dont l'organisme d'origine est créé en 1884 – en citant, pour justifier ce même interdit, Jésus lorsqu'il dit : « Ma royauté n'est pas de ce monde. » (Jean, 18 : 36.) Cela vaut aussi pour le refus d'exercer dans les carrières juridiques, ce à quoi s'ajoute, dans ce cas, l'idée que seule la loi de Dieu mérite d'être défendue. On peut souligner qu'il s'agit également d'éviter de prêter serment. Le contexte de montée de l'athéisme dans les milieux républicains, dont Jules Ferry est un symbole, y est peut-être aussi pour quelque chose. Nicolas Jacquard rapporte que les membres francs-maçons de La Famille quittent en 1877 le Grand Orient de France lorsque la référence au Grand Architecte de l'Univers est abandonnée afin d'intégrer les athées.

La troisième des voies prônées a comme objectif de souder davantage La Famille par l'instauration de moments communs. Les occasions de se retrouver, hors des fêtes proprement religieuses, sont en effet multipliées par Auguste. Chaque premier samedi du mois, à l'image de la paie mensuelle des ouvriers, « la Soupe » rassemble les hommes dans un bistrot du quartier, comme les « arrosages » pour chaque occasion, par exemple, une naissance. Le reste se répartit sur l'année.

D'abord, le premier samedi de janvier, « les Haricots » célèbrent, dans un restaurant de Saint-Maur-des-Fossés, la naissance mythique de La Famille en 1819. Jean Thibout et François Joseph Havet en avaient mangé ce jour-là, ce qui donne une origine palpable au mouvement. Le dernier samedi avant le carême, « les Crottes » sont l'occasion de s'offrir des friandises comme du chocolat, avec le même sens pour tous les chrétiens que le Mardi gras qui précède la période de quarante jours où l'on va « manger maigre ». Pendant cette période de carême sont organisés, les dimanches dans le bois de Vincennes, des tournois. Un de football, qui se joue surtout, en cette fin de siècle, dans les écoles (le premier championnat date de 1894), et un de boules. Au printemps, c'est en forêt de Fontainebleau que l'on s'active pour la cueillette des coucous (des fleurs) ; puis, le premier samedi de juillet, pour un concours de pêche, « les Ablettes », à Saint-Maur-des-Fossés là encore. L'ouverture de la pêche, quant à elle, se déroule au parc de Noisiel, en Seine-et-Marne. Le lieu central des fêtes religieuses et des festivités de mariages, mais aussi du 14 juillet républicain, est fixé dans la maison des Cosseux. Il est possible que Mon Oncle Auguste n'en ait été que le propriétaire de nom, pour toute la communauté, car l'ensemble est ensuite partagé tout à fait officiellement entre les représentants des différentes familles. La caisse des Cosseux, on l'a vu, gérée sous forme de tontine, est utilisée pour l'organisation des rassemblements, mais une partie, dite « caisse des veuves », sert à aider les conjointes, qui, sans profession, puisqu'elles doivent élever les enfants, et sans mariage officiel, se retrouvent privées de revenus le jour où elles perdent leur mari. Plus globalement cette caisse aide les plus nécessiteux ou ceux touchés par les accidents de la vie. En revanche, si l'alcool coule à flots, comme c'est alors habituel dans les milieux populaires (illustré en 1877 par *L'Assommoir* d'Émile Zola), la danse est proscrite lors des fêtes, ainsi que le faisaient déjà au siècle précédent les curés port-royalistes : un cantique s'intitule justement *Contre la danse* et pointe le piège ainsi tendu par le diable, un « plaisir vain », « l'un des plus dangereux, d'où naissent plus de vices » et qui laisse apparaître « ce moi qui ne vient pas de Toi [Dieu] » :

> Dieu ne nous donne une âme / Que pour l'aimer toujours : / Mais la danse l'enflamme / De profanes amours

Cette organisation des activités est assez semblable aux patronages et aux œuvres qui se mettent en place, au même moment, dans les paroisses afin de mobiliser les fidèles autour de la foi catholique, ou de leurs pendants que sont les amicales ou les mutuelles de la Ligue française de l'enseignement, organisme laïque. Dans tous les cas, il s'agit de serrer les rangs face à l'adversité.

En fait, le système instauré par Mon Oncle Auguste se fait en réaction à un certain relâchement apparu après la mort de la première génération d'anciens, en 1878 (Bachelet), en 1879 (Sanglier), et sur la base conservatrice d'un certain retour aux sources. *La Chanson des Cosseux*, composée pour les paroles par Gustave Thibout, le frère d'Auguste, et Albert Maitre pour la musique, est un hymne à l'amitié symbolisée par le lieu même ; elle proclame surtout :

> Plus de disputes, plus la moindre discorde / Les uns avec les autres que tout soit pardonné

Le contexte de cette fin de siècle a aussi joué. Depuis la défaite de 1870, le temps est à la multiplication des prophéties et des annonces de fin du monde dans une société qui perd la foi : dans *Les Secrets de La Salette,* par exemple, ouvrage qui est réédité jusqu'en 1874 et connaît un grand succès, on trouve ce qui serait le message transmis en 1846 par la Vierge à la voyante de La Salette, Mélanie Calvat : « Dieu va frapper d'une manière sans exemple. Malheurs aux habitants de la terre ! [...] La société est à la veille des fléaux les plus terribles et des plus grands événements*. » Sans compter les prédictions apocalyptiques

* Cité par Philippe Boutry, « Le prophétisme de la Révolution à la Grande Guerre (1789-1914) », dans un ouvrage dirigé par André Vauchez, *Prophètes et prophétisme*, Paris, éd. Seuil, 2012, p. 279. L'auteur du livre est un avocat grenoblois : Régis Girard.

des Étudiants de la Bible aux États-Unis en 1874 (futurs Témoins de Jéhovah), dont les premières actions en France datent du tout début du XXe siècle, nous sommes aussi dans une période où, après les pogroms qu'ils ont subis en Russie, des Juifs créent, au début des années 1880, le mouvement populaire Les Amants de Sion, qui travaille au retour en « Terre sainte », et qui, après un congrès international en 1884, est à l'origine de la création, dans le même but, du Fonds national juif. Fin du monde partout annoncée, et retour des Juifs à Jérusalem, tout ceci ne pouvait qu'inciter Mon Oncle Auguste à œuvrer dans l'attente enfin palpable de la fin des temps.

Une vie religieuse à peine réagencée

On l'a compris, la réorganisation de la fin du XIXe siècle concerne surtout les mœurs et les habitudes de vie. Mais La Famille étant un groupe d'abord religieux, qu'en est-il des pratiques dans ce domaine, entre héritage et adaptation ?

Pour les grandes étapes de sa vie de croyant, chaque fidèle a recours à des rites établis au moins depuis la Révolution, en tout cas depuis qu'il a fallu suppléer l'absence de prêtres due au rejet du clergé catholique. Dans les groupes héritiers du pinélisme, cette nécessité est intervenue autour des années 1830 lorsque disparaissent leurs derniers guides spirituels : François Bonjour, pour ceux qui le suivent encore, fait figure d'exception avec sa mort en 1846. Mais les adeptes dissidents parisiens ont déjà rompu avec lui depuis une trentaine d'années au moins, et on a vu que, d'une manière générale, ils considèrent que le clergé, et le pape à sa tête, a abandonné sa mission. Les sacrements, au nombre de sept dans l'Église catholique, sont donc partout donnés par les pères de famille au nom de Dieu, les liturgies ayant été codifiées à Paris depuis les années 1820 par «l'ami Bachelet» et le Grand Déchelette ; d'autre part, le livre intitulé *Recueil de pièces concernant les galeries*, réédité par La Famille en 2017, établi à partir de ses archives, fait le point sur chacun d'entre eux pour des temps où l'Église ne joue plus son rôle.

Le sacrement d'ordre, qui consacre les prêtres, est en bonne logique devenu inutile, puisque chacun a reçu mission de Dieu «pour faire extérieurement ce qu'Il ne peut plus faire corporellement», précise le *Recueil*. Pour la pénitence, dite aussi «confession», les blancs du Charollais s'adressent directement à Dieu, ce que font aussi les membres de La Famille. Le précieux *Recueil* rassure aussi en affirmant, pour l'eucharistie, que l'union avec Jésus-Christ se fait «d'abord par la foi» ; à la fin du baptême sont consommés du pain et du vin, ce que chacun est libre d'interpréter comme il le souhaite, mais toujours en rapport avec les paroles de Jésus après avoir rendu grâce : «Faites cela en mémoire de moi.» (Luc, 22 : 19.) Un long texte manuscrit, intitulé «Cérémonie du baptême», détaille ce qui doit être dit et fait pour ce qui est le premier des sacrements : il commence par le *Veni Creator*, «Venez esprit créateur, daignez visiter ceux qui se font gloire de vous appartenir et remplissez de votre grâce les cœurs que vous avez formés», puis précise que le parrain donne le prénom de l'enfant et détaille ce que l'officiant doit faire. Une autre version ajoute qu'il faut évoquer «les mérites de Jésus-Christ Notre Seigneur et d'Élie», et dire à la fin de la cérémonie : « Je vous baptise au nom du Père et du Fils et du Saint-Esprit (et levant les mains) et du Saint Œuvre. Ainsi soit-il. » Pour les Lyonnais, le rituel est scrupuleusement respecté pour qu'il soit valide ; d'ailleurs l'Église romaine reconnaît pour eux qu'il s'agit d'un « baptême en cas de nécessité ». Les participants n'ayant pas de prêtres à leur disposition, les dissidents nés dans le groupe sont donc dispensés de renouvellement de leur baptême s'ils reviennent dans son giron.

Mon Oncle Auguste aurait précisé que le baptême doit se faire à « six semaines de vie », et il est fait à domicile, en général par le père, chaque membre de La Famille pouvant y assister. Un rôle déterminant est donné au parrain et à la marraine tout au cours de la vie de l'enfant. En ce qui concerne la confirmation avant l'adolescence, « effusion du Saint-Esprit dans les âmes », d'après le *Recueil*, il est précisé que chacun peut imposer des mains, souffler sur des personnes ou employer des onctions d'huile qu'ils ont bénie. Avant le mariage, les membres de La Famille pratiquent les « accordailles », soit les fiançailles, et le mariage proprement dit est célébré par le père* de l'un des mariés ou un parrain, à domicile, avant d'être fêté aux Cosseux, en entonnant des cantiques. On peut rappeler que traditionnellement le mariage catholique se déroule « devant le prêtre », qui ne fait que bénir l'union après les consentements des époux qui sont, eux-mêmes, selon l'expression, « les ministres du

* Certains ont écrit qu'il portait alors une cravate blanche, qui serait un rappel de la chasuble du prêtre, mais la pratique est ancienne et tombée quelque peu en désuétude.

sacrement de mariage». Et comme dans cette tradition, toute rupture de ce sacrement est impossible, la promesse ayant été faite «devant Dieu», ainsi que le disent les Évangiles: «Que l'homme donc ne sépare pas ce que Dieu a uni.» (Marc, 10 : 9.)

Vient enfin le temps de l'extrême-onction, un dernier sacrement qui se fait, comme les précédents, sous la supervision des hommes proches du défunt. La veillée du mort dure trois jours, «le temps que le Christ a passé dans son tombeau avant de ressusciter», écrit Nicolas Jacquard, mais surtout le temps jugé nécessaire pour que l'âme quitte le corps. Le rituel de cette veillée est identique à ce qui se passait partout avant les années 1950: cantiques et prières résonnent, mais aussi les fenêtres sont obturées, et les miroirs recouverts, car on craint que l'âme, qui quitte le corps, y soit capturée et ne monte pas vers Dieu, enfin vient le «baiser de paix» au défunt... Le transport du corps est toujours assuré par la même entreprise funéraire du boulevard Voltaire, l'enterrement se fait au cimetière de la Ville de Paris à Thiais (Val-de-Marne), ouvert en 1929*, en la seule présence des hommes, qui portent le cercueil dans le caveau, sans jeter de terre ensuite dessus, pendant que les femmes font les oraisons funèbres à la maison du défunt. Les tombes sont

* Nicolas Jacquard affirme que l'enterrement se faisait auparavant dans celui de Pantin, en Seine-Saint-Denis. Cette habitude semble cependant récente (peut-être du temps de Mon Oncle Auguste) et n'existait pas au temps du Grand-Père Walstein, qui, dans ses *Mémoires*, évoque des sépultures au Père-Lachaise, d'ailleurs voisin de la rue de Montreuil.

dans le même carré où sont enterrés des indigents, sans noms, ni ornements ni couronnes, avec des concessions de seulement dix ans. Cette simplicité se retrouve chez les autres groupes issus du pinélisme. En Charollais, et à Fareins, les sépultures, à l'origine, prenaient place dans le carré des réprouvés, avant que le monopole catholique sur les cimetières soit aboli en 1881 : il n'y a pas de pierre tombale, mais une simple motte de terre recouverte de gravier, entourée d'un rebord en planche de bois, mais surmontée, ici, d'une croix de bois qui porte les noms des défunts dans des cœurs en tôle émaillée. À Saint-Jean-Bonnefonds, il n'y a qu'une fosse commune au groupe, simple étendue de terre en dévers, entourée d'un muret en ciment, sans aucun signe ni nom. C'est là l'application des principes inculqués par les prêtres initiateurs au XVIIIe siècle : le corps, dans lequel l'âme est désormais absente, n'est rien ; l'abbé Jacquemont évoque pour ses pénitents « la vie présente comme un songe, mon corps comme une prison, la terre comme un lieu d'exil et le ciel comme ma patrie ».

D'autres moments religieux sont aussi respectés, et, en premier lieu, toutes les fêtes chrétiennes, notamment pour les réunions aux Cosseux (qu'il a fallu agrandir au fil du siècle), dont le moment pascal – du dimanche au lundi de Pâques – privilégié pour les mariages, et surtout comme pour tous les chrétiens, la célébration de la Passion et de la crucifixion du Christ. Le dimanche avant ont eu lieu les Rameaux (entrée de Jésus à Jérusalem), et quarante jours après : l'Ascension (Jésus élevé au ciel). S'y ajoute enfin, le 15 août, l'Assomption, la montée de la Vierge au ciel ; ce qui est étonnant pour ces héritiers d'un port-royalisme peu porté sur le culte marial. Mais, en effet, il y a dans les recueils de La Famille un *Ave Maria* et surtout un cantique *Pour la conception immaculée de la Sainte Vierge* – qui ne devient un dogme dans l'Église romaine qu'en 1854 (fête le 8 décembre), même s'il existait déjà auparavant une tradition ancienne. Le jour de Noël est célébré au domicile de chacun, lui aussi, par des cantiques, par exemple, *Noël réponse* (« Ah ! que le Messie est charmant, disaient les rois en retournant », « en attendant que des Enfers, il brise la puissance ») et *Noël nouveau* (air : *Quels accents*) qui peut aussi évoquer la naissance de Lili :

> Ô filles de Sion, reprenez vos cantiques, / Suspendez aujourd'hui vos chants mélancoliques, / Célébrez ce grand jour où naquit le Sauveur / Qui vient finir votre malheur (bis).

D'ailleurs des fêtes propres au groupe sont également célébrées à domicile, accompagnées des cantiques correspondants : le 24 juin fête saint Jean Baptiste ; le 18 août, la naissance d'Élie Bonjour, considéré comme le rappel de l'attente d'Élie, ou de son esprit, assimilé à la même croyance juive... Le père de famille lit des lectures saintes le vendredi soir (ce qui se dit « faire ramcha »), parfois chez un autre adepte ; le dimanche, en groupe restreint, certaines soirées sont passées à chanter des cantiques (notamment *Rappel d'Israël*, le plus utilisé). Le tout est rapporté sur une sorte de cahier de rituels des cérémonies, recopié avec soin (sur d'autres cahiers), mais aujourd'hui photocopié, me précise un ancien adepte. Mon Oncle Auguste a aussi déconseillé de s'en remettre à des « livres impies » afin de se consacrer aux seuls écrits du groupe et à la Bible. Les anciens prêtres recommandaient aussi de prier à des heures régulières de la journée, soit lors des sept des offices de la liturgie des Heures de l'Église catholique (laudes au lever à l'aube, puis tierce, sexte...), ce qu'ils qualifiaient de « vie de retraite » permettant au pénitent de mettre « un mur de séparation avec les amateurs du monde ».

Enfin, la lecture de la fin des temps qui doit venir, et de la toute-puissance de Dieu (Bon Papa), faite par Mon Oncle Auguste, conduit à des obligations plus originales. La réticence quant aux soins médicaux est liée à la volonté de ne pas contrecarrer les plans de Dieu à l'égard de chacun ; avant lui, Walstein Havet a déjà rapporté que la mère d'Angélique, sa nièce, reprochait à sa fille, dont les deux enfants étaient atteints de la variole, de « se laisser aller à faire vacciner ses enfants ». De même, la profession médicale est contre-indiquée, car il s'agit d'un domaine où seul Dieu intervient, pour sauver ou châtier. Les phrases qui reviennent souvent sur le sujet sont « nul n'est maître de son destin », ou « Dieu seul décidera », et « C'est la Providence ».

On ne porte pas non plus de blanc, ce qui serait manquer d'humilité, car il symbolise la pureté, ni de rouge, qui est la couleur du diable (surnommé « Rototo »), démon que l'on tenterait ainsi. Surtout, Auguste a fortement déconseillé de quitter les limites du quartier, le lieu où Élie doit revenir : les fidèles ne vont donc pas au-delà du bois de Vincennes, au sud-est, ni en vacances, ce qui peut être aussi interprété comme une trop grande entorse à la nécessaire humilité et de la méfiance à propos des loisirs, qui éloignent trop l'esprit de Dieu. Mais nous sommes alors plus de trente années avant l'instauration des congés payés, et cela relève peut-être d'explications plus tardives. Pour cette même raison, il n'y a pas de pèlerinage, tout juste des visites dans des endroits symboliques de l'histoire de la communauté : le curé de Saint-Médard m'a affirmé que des personnes venaient se recueillir près de l'endroit où se trouvait le tombeau de Pâris, à l'une des fêtes de saint François. Un de mes contacts dans La Famille m'a en outre précisé qu'il ne fallait pas aller à Port-Royal, car il ne faut pas « fouler une terre sacrée ».

Des tensions malgré tout

On a trop présenté La Famille comme un bloc monolithique, un ensemble de petits soldats qui obéissent sans dire mot, comme un seul homme. Il est certain que la pression exercée par tous les membres est énorme, comme la crainte du « qu'en-dira-t-on », et chacun des journalistes qui s'est intéressé au sujet l'a bien montré. Cela dit, il n'y a jamais eu unanimité quant aux mesures prises par Mon Oncle Auguste et, de plus en plus, chaque famille adapte les règles selon sa propre interprétation tout en restant dans le cadre général.

Il se dit que, aussitôt les nouvelles règles instaurées, des réticences se sont exprimées. Toutefois on ne connaît que celles d'un Oncle d'Auguste, Adolphe Thibout, qui doute de l'inspiration divine de son neveu et soupçonne l'abus d'alcool ; puis de ses descendants, appelés les « Dodolphes », toujours rétifs aux festivités collectives de la communauté.

Chaque période a eu son lot d'inspirés, notamment dans des moments de crise, mais tous, à l'inverse d'Auguste, n'ont été suivis que par une minorité, qui est parfois allée jusqu'à la rupture ; les légitimistes en quelque sorte les qualifiant de « faux prophètes ». Ainsi, l'un de mes correspondants m'a appris que cela avait été le cas, dans les années 1970, de Claude Thibout, fils d'un Augustin.

Après avoir perdu connaissance un jour, quand il a rouvert les yeux, il semblait, paraît-il, ne plus voir les gens autour de lui ; et il a parlé comme s'il était le Christ, afin d'avertir du danger de trop céder aux séductions du « monde » et de conseiller de se « réunir autour de ma Croix ». Ceux qu'il a convaincus ont jeté leur téléviseur, renoncé aux lointaines vacances qu'ils avaient osé prendre dans un moment de relâchement des mœurs, ou même retiré leurs enfants de l'école.

Un autre m'a dit avoir un cousin qui écrivait des lettres au Bon Papa à destination des membres de La Famille, peut-être un Jean Baptiste Thibout parmi tant d'autres, inquiet*. Il existe aussi un individu qui signe « Vincent » et se dit, en 2002, inspiré par Élie ; il lance des avertissements sur les mœurs relâchées (« Malheurs à ceux qui n'écoute (sic) pas la parole de Notre Signeur ») et reçoit

* Par exemple, s'adressant à Dieu : « Que de jactances, que de jugements rendus, que d'hommes encensés, sans autre raison que des propos transmis d'âge en âge, le plus souvent déformés au fil du temps ». Il y fait aussi acte de contrition au nom de tous en dénonçant un certain laisser-aller de ceux qui osent se nommer « enfants de la Vérité », ce que seul Dieu décidera.

par cette voie surnaturelle le conseil de ne plus aller aux Cosseux et de s'en tenir aux seules cérémonies privées*.

C'est au nom de ces mêmes reproches qu'un incendie volontaire a été déclenché aux Cosseux en juin 2013, après d'autres actes de malveillance. Le pyromane a été téléguidé par un certain Paul qui, selon Nicolas Jacquard, se présente comme « le dernier prophète de La Famille », dans la droite ligne de son ancêtre Auguste, avec la volonté de purifier par les flammes cet endroit devenu, selon les avertissements qu'il dit avoir reçus, un lieu de corruption – un mode de vie plus rigoureux étant préférable. L'affaire a secoué la communauté, mais le commanditaire est finalement revenu sur ses déclarations. Ce sont là des marqueurs d'une tendance rigoriste minoritaire au sein de La Famille, mais centrale par son exemplarité, que Nicolas Jacquard pense représentée par un groupe surnommé « les Sapinus », ou « Saint-Hubériens » (qui ne vont pas plus loin que la plaine Saint-Hubert à Vincennes, où se trouvent des sapins), apparu dans le début des années 2000, et dont on a vu le témoignage reconstitué de l'un des membres dans le documentaire de BFMTV fin 2021. Il n'empêche que cette intransigeance n'est pas acceptée de tous.

Celui de ces inspirés qui a été à l'origine de la plus retentissante scission est aussi un Thibout, Vincent (1924-1974), arrière-petit-neveu de Mon Oncle Auguste.

* Nicolas Jacquard cite aussi le cas de « Jacqueline », en 2002, elle aussi, dont le discours porte sur la fin des temps et les fautes commises par les « aînés », et « Gauthier », en 2020, qui évoque une scission prochaine.

C'est lui qui s'est dit appelé à aller fonder une nouvelle communauté judaïsante, ce qu'il a fait en mars 1960 dans l'Hérault, en organisant le seul kibboutz français à ce jour, dans le petit village de Pardailhan. Vincent, qui se prétend ingénieur, est en vérité commercial. Il vient d'une famille quelque peu en marge de La Famille, puisque son père (seconde union) et lui-même se sont mariés en dehors de la communauté, et que sa mère n'est pas très respectueuse des règles édictées. Mais son parcours et ses propos vont séduire nombre de jeunes de La Famille.

Il est d'abord parti en novembre 1957 en Israël avec sa conjointe de l'époque, selon lui à l'appel de Dieu, l'État juif espéré par La Famille ayant été créé en 1948. Il fréquente brièvement un kibboutz, au moment où l'organisation n'accepte qu'avec difficulté les nouveaux arrivants, et il prétend s'être alors converti au judaïsme et avoir été circoncis. De retour à Paris l'année suivante, il attache à son projet de kibboutz en France l'une des figures respectées des Dodolphes, le fils d'Adolphe lui-même, Abel Henri Thibout (1892-1983). Ce dernier, retraité de la SNCF, a, avec sa belle-sœur, Mélanie, et la fille de celle-ci, Marthe, sauvé une famille juive pendant l'Occupation*. Ils ont également adopté certaines pratiques juives. Après une intense campagne de persuasion, une trentaine d'adultes les accompagnent, en se délestant de leurs biens parisiens, afin de vivre dans ce qui est officiellement une coopérative agricole. La vie est communautaire, tout est collectivisé, et les enfants, une cinquantaine, sont élevés

* Ils ont tous les trois été reconnus «Justes parmi les Nations» par l'institut Yad Vashem de Jérusalem en 1996.

ensemble pendant que les parents travaillent, comme en Israël. De nouvelles habitudes désormais les distinguent encore un peu plus de La Famille : les femmes portent un fichu sur la tête ; l'emblème que le groupe adopte, et que tous portent en brassard, place la croix chrétienne à l'intérieur de l'étoile de David ; le shabbat (jour de repos du samedi) est ajouté au calendrier hebdomadaire ; la Vierge Marie n'est plus vénérée. Ils tentent aussi d'assister à la messe paroissiale et au culte à la synagogue de Béziers, mais ils échouent. L'entreprise attire vite l'attention des médias, français et aussi israéliens : un documentaire est tourné en 1961 pour l'émission phare de la télévision *Cinq colonnes à la une*, et le groupe a même les honneurs de *Paris Match* et du *Monde*, sans que l'existence des Parisiens soit révélée. Mais les rendements agricoles s'avèrent insuffisants, ce qui explique une reconversion vers la couture. Bientôt, des dissensions internes apparaissent, et une partie des adeptes quitte l'Hérault. L'échec est acté en 1963, et le retour à Paris se révèle délicat ; les pratiques des « Pardailhan » diffèrent trop de celles de La Famille. Vincent Thibout va alors proposer, dans les années 1970, de poursuivre l'aventure en des lieux divers, où subsistent encore aujourd'hui des communautés, dont celle de Malrevers en Haute-Loire, où est créée une société de production textile. En 2008, un de ses responsables a été condamné pour violences habituelles sur mineur. Toutefois, il ne s'agit plus depuis bien longtemps de La Famille.

Deux autres attitudes sont des formes de remise en cause des préceptes de Mon Oncle Auguste, ou pour le moins une volonté de les rendre plus légers.

La plus radicale consiste à quitter La Famille, au risque de couper les ponts avec des cousins qui ont formé votre univers depuis votre naissance, sans parler de vos parents, vos frères et sœurs, vos parrain et marraine, si importants. Une vague significative de départs semble avoir eu lieu dans les années 1970-1980; ce que l'un de ces membres «partis» justifie par la libération des mœurs et l'avènement de la société de consommation de cet «après Mai 68», de l'«obéir sans réfléchir»*, une situation qui, comme on l'a vu, a provoqué les alertes de l'inspiré Claude. À lire les différents témoignages publiés par Jacquard, ou ceux que j'ai reçus, les trois sentiments qui dominent dans ce cas, et qui peuvent s'entremêler, sont l'attirance pour le monde extérieur à La Famille, de plus en plus connu grâce aux médias de masse comme la télévision; la déception vis-à-vis de ce que propose la communauté – tel Arnauld Déchelette qui voit une inadéquation entre ce qu'il lit dans la Bible et les préceptes de Mon Oncle Auguste**; et enfin la honte d'être différent, ce qu'un converti de Fareins m'avait dit en 1989: «Nous avons eu peur de continuer, peur d'être des bêtes à part, de vivre renfermés.»

Je m'appuierai ici sur le parcours de l'un d'eux, que j'ai rencontré et qui a bien voulu me donner un récit de ce qu'a été ce qu'il appelle sa «venue au monde à 22 ans», au début des années 1960. Apprenti dans un atelier,

* Jean-Marc Fert, *Éduquer pour une société durable. Dieux et autorités en crise*, Paris, éd. L'Harmattan, 2008.
** Entretien avec Nicolas Fouquet dans *Christianisme aujourd'hui*, janvier 2022.

ayant par là un accès au monde extérieur, à la différence de ses sœurs qui devaient rester travailler à domicile dans un foyer sans radio, cet homme, qui se sent privilégié, raconte avoir alors senti que sa vie allait être « médiocre » et « dénuée d'intérêt ». La communauté lui a ainsi paru un lieu où seules primaient les consignes « désuètes » et « insupportables », d'où était absente toute la spiritualité qui avait pourtant existé « avant », alors qu'elle était dans « un moment de son histoire où il ne se passait plus rien », sans la parousie annoncée, parmi une génération d'après-guerre désabusée. Sa décision avait été prise après avoir été un temps, par nécessité, hors de la communauté – ce qu'il avait vécu avec bonheur –, mais avant, dit-il, le « processus d'intégration » qu'est le mariage. Et parce qu'il trouva justement l'amour en dehors de La Famille : il s'avéra prêt à affronter le « chantage affectif » et à accepter de ne plus revoir les siens (jusqu'à aujourd'hui), au risque, même, de ne pas maîtriser tout d'abord les codes de cette nouvelle vie.

Pour d'autres, l'élément déclencheur n'est que l'aboutissement d'un mal-être : l'exclusion d'un être cher, l'impossibilité de vivre la vie des copains de classe (ou des collègues), ou la séparation avec un conjoint, le décès injuste d'un être cher et estimé que l'on reproche à ce Dieu tout-puissant, et ainsi de suite, ce qui n'a rien de très original. L'une des réactions de ces « partis » est la création de la fameuse page Facebook fédérant d'autres individus qui se sentaient jusque-là isolés. Les reproches vis-à-vis de La Famille y ont afflué comme on l'a vu, mais aussi des demandes de réforme des règles jugées abusives et, en premier lieu, celle imposant la coupure vis-à-vis de l'extérieur, surtout quand elle est appliquée aux enfants. L'effet médiatique a été bien plus important que dix-sept ans auparavant la publication chez Gallimard par l'un des membres, sous le pseudonyme de François Lorris, de son roman à charge intitulé *Après le déluge* («une histoire de fous», précise le résumé au dos), ou même qu'une émission de France Culture en 2017*. Magie des réseaux!

L'autre option est une sorte de dissidence de l'intérieur et sans rupture. Elle est ultramajoritaire: les interdits de Mon Oncle Auguste ne sont plus, tous, respectés; on se montre un peu plus laxiste dans le suivi des rites, mais sans remettre en cause La Famille elle-même ni surtout ses dogmes; une attitude favorisée par l'absence d'autorité inquisitrice et centrale établie, mais aussi par l'évolution générale des mœurs. Certains ont pu, par exemple, comme Abel Henri Thibout, se rapprocher du judaïsme en évoquant Eliayahou plutôt qu'Élie, ou en célébrant le séder (repas de la Pâque juive, ou Pessa'h) pour commémorer la cène, sans aller aussi loin que les Pardailhan toutefois. Si l'on reprend la liste des interdits, on s'aperçoit que très tôt les filles ont quand même été à l'école, dans les limites de l'âge légal, comme les garçons (sauf pour les plus conservateurs, qui ont préféré l'enseignement à domicile), et que certains font même

* Séverine Liatard et Séverine Casser, «Du mystérieux kibboutz de Pardailhan à la communauté parisienne», France Culture, «La Fabrique de l'histoire», série «Dissidences chrétiennes», 19 avril 2017. Reprise augmentée d'un épisode de 2012: «Le mystérieux kibboutz de Pardailhan», du 11 décembre.

aujourd'hui des études longues, ce qui leur donne accès à des métiers déconseillés jusque-là : comme en témoigne un de mes contacts, on trouve des experts-comptables, des directeurs de société, des ingénieurs, des artisans, qui possèdent « une échoppe dans les beaux quartiers », auxquels Suzanne Privat ajoute des artistes, « des musiciens surtout ». Parmi les Pardailhan figure même un instituteur, donc un fonctionnaire ! À consulter les photographies des réunions aux Cosseux parues dans la presse, on voit distinctement que les interdits portant sur l'apparence se sont assouplis : vêtements blancs, femmes aux cheveux mi-longs et à la mise en plis soignée ; un témoin affirme que sa conjointe porte à 90 % des pantalons dans la vie courante : elle fait sans doute partie de celles qui rechignent à se mettre en jupe pour les cérémonies familiales sans jamais cependant transgresser l'interdit, alors que tant d'autres y renoncent carrément. Suzanne Privat fait le même constat sur un ensemble de photographies des années 1940-1970 : l'une des femmes a même, à l'instar de son compagnon, un pantalon pattes d'éléphant ! Les lieux d'habitation se sont aussi éloignés de la rue de Montreuil, sous la pression immobilière sans doute, mais aussi par la faute du relâchement du lien « familial », ou le hasard des mutations professionnelles. Le départ en vacances n'est plus un tabou, et un témoin s'étonne d'avoir trouvé un piano chez certains de ses « cousins », au style de vie qu'il qualifie de très « bourgeois » et « libéral » quant aux préceptes de La Famille, une attitude qu'il oppose aux « stricts ».

Mieux, de plus en plus de personnes gardent contact avec des « partis », même s'ils ne l'ébruitent pas trop.

L'accès aux réseaux sociaux a surtout ouvert les enfants et les adolescents au monde extérieur ; l'un des intervenants sur la page Facebook, et soutien de La Famille, raconte avec humour que ceux-ci connaissent davantage la vie du footballeur Mbappé que celle du diacre Pâris. Le conseil a pourtant été donné de fermer les pages, ou les passer en mode « privé », après le séisme médiatique de 2020, car elles ouvraient trop le groupe aux regards extérieurs.

De manière générale, certaines croyances venues de Mon Oncle Auguste sont aussi remises en cause, par exemple, celle sur les sept Augustin, prédisant qu'après eux viendra la fin du monde. Selon Nicolas Jacquard, le petit-fils d'Auguste n'y croyait pas non plus, ce qui prouve la diversité des comportements face à ce sujet. Faut-il y voir parfois de l'indifférence, comme je l'ai constaté pour Fareins ?

Déçus dans leur attente d'échéances toujours reportées, toujours animés de spiritualité, mais bloqués devant l'impossibilité de revenir à une cause catholique romaine trop longtemps décriée, des enfants de l'Œuvre se sont résignés en gardant une foi toute personnelle, adaptée aux nouveaux temps. Ainsi ne participent-ils plus à la vie de la communauté, mais ne rompent pas pour autant avec elle, à laquelle ils reconnaissent de bons côtés. Par ailleurs, on ignore si, comme dans la paroisse des Bonjour, mais aussi en Forez, certains n'ont pas *in fine* été chercher du côté d'autres groupes millénaristes. Cela a été le cas avec des darbystes à Saint-Jean-Bonnefonds, dits « jansénistes du protestantisme » par Stendhal dans ses *Mémoires d'un touriste* de 1838. Mais ce serait alors une autre forme de « partis ».

Arnauld Déchelette a témoigné pour sa part de son parcours d'insatisfait, qui le conduisit à fréquenter dans les années 1980 un « centre messianique » du quartier, puis des pentecôtistes auprès desquels il fit l'expérience du « parler en langues » – un don du Saint-Esprit – et à participer à Paris aux réunions d'évangélisation du célèbre pasteur baptiste Billy Graham, pour finalement décider d'y recevoir le baptême et devenir membre d'un conseil pastoral.

La mise en lumière médiatique en 2020 a quoi qu'il en soit changé la donne. Quelques-uns y ont vu un mal nécessaire et en même temps prévisible, d'autres, plus conservateurs, la considèrent comme un avertissement venu d'en haut, et les plus libéraux pensent que le secret n'est de toute façon plus une option viable et qu'il faut assouplir certaines pratiques, ce qu'ils font par ailleurs individuellement.

Un autre fléau est venu s'immiscer dans cette divergence interne : la pandémie de la Covid a eu raison des rassemblements aux Cosseux, au moins de manière temporaire. Entraînant tout de même un changement non seulement dans les habitudes de La Famille, mais également dans celles de tout un chacun. Le tabou du secret a même craquelé avec l'intervention de « Patrick » dans le documentaire de BFMTV où il est venu répondre aux doutes et aux dénigrements publiés çà et là. Ainsi être de La Famille au XXIe siècle ne sera plus comme avant, quoi qu'il arrive.

La Famille, une secte ?

Finissons par le commencement. Avant de se précipiter pour juger du degré de « sectitude » de La Famille, il est bon de savoir de quoi l'on parle. Or, en la matière, on entend (et on lit) tout et n'importe quoi. Une petite mise au point s'impose donc.

La secte : un horrible groupe de charlatans

Convenez-en : c'est ainsi que vous entendez le mot lorsque vous l'entendez ! Au cours de mes conférences et de mes autres interventions, c'est en substance ce que l'on me dit. Vient alors presque immédiatement l'exemple des Témoins de Jéhovah, qui tiennent la palme en la matière, sans que mes interlocuteurs puissent dire grand-chose du groupe, excepté le refus des transfusions sanguines, de surcroît sur des enfants précisent-ils. C'est aussi ce « sens commun » que la commission parlementaire sur les sectes a retenu en 1995, confrontée à la difficulté de définir le mot après avoir parcouru son origine étymologique. L'« approche sociologique » et celle « fondée sur la dangerosité des sectes » ont finalement été retenues.

Pour bien comprendre ce que sont ces stéréotypes, j'ai l'habitude de montrer, lors de mes séances, le sketch du groupe comique Les Inconnus qui s'intitule précisément *Les Sectes* et que je vous invite à aller visionner sur votre plateforme préférée. Il s'agit de l'enquête d'un reporter sur un groupe qui vénère la déesse Richnou : le journaliste rencontre des adeptes dans le joli parc d'une gentilhommière cossue, assiste à une cérémonie, parvient à interroger le chef du groupe, Skippy « le Grand Gourou »... ; et je ne divulgâche pas l'issue du reportage, au cas où. J'invite alors mes interlocuteurs du jour à relever dans le film de 4,51 minutes ce qui, selon eux, caractérise la secte, sans qu'une définition ait été apportée au préalable, et trois catégories de réponses me sont données. Il est à noter qu'il s'agit de la part des adeptes d'une démarche naïve de recherche spirituelle : l'un d'eux égraine en effet les étapes qui l'ont conduit du catholicisme intégriste à Richnou, en passant par le judaïsme, à la recherche de « plus d'authenticité » ; un autre est un ancien zonard qui s'est ainsi à peu près repenti (vous verrez). La question de l'argent montre qu'il ne s'agit pas d'une réelle entreprise religieuse, comme l'indique d'ailleurs le nom de la déesse. On a là tous les poncifs du genre : la belle bâtisse qui contraste avec la pauvreté imposée aux adeptes qui s'adonnent à des travaux manuels, le signe du groupe en forme de dollar, des billets de banque qui sont brandis pour des offrandes lors de la cérémonie, enfin le chef à la tête de mafieux et à l'accent marseillais qui prétend être originaire de l'Himalaya et avoir trouvé la voie auprès du dalaï-lama : c'est un « grand gourou ». Tout cela relève bel et bien de l'escroquerie.

Le dernier danger pointé qui semble retenir les fidèles est donc en bonne logique celui de l'emprise mentale :

ils ont l'air illuminés, ânonnent des phrases apprises par cœur qu'ils ne semblent pas comprendre (notamment celles du chef; lorsque lui échappe pendant son mantra un « merde », ils le répètent sans réfléchir), ils ont tous une robe blanche identique et le crâne rasé. Le verdict est sans appel : une secte est un groupe dangereux dont l'aspect religieux n'est qu'un prétexte, et le but réel l'enrichissement d'un « gourou » sur le dos de fidèles désorientés qu'il a réussi à endoctriner. Précisons que le sketch est sorti à la télévision en juin 1991, un an après la grande cérémonie qui a médiatisé le groupe du Mandarom de Gilbert Bourdin à Castellane, un « messie cosmoplanétaire » que l'on a découvert, à cette occasion, assis sur un trône et affublé de vêtements et de symboles mystérieux et très... exotiques. On reconnaît dans les images du sketch des emprunts faits aux tendances orientalisantes (Rishnou, les mantras) de l'Association internationale pour la conscience de Krishna – à qui les adeptes pourraient, par leur tenue, appartenir – et de la grande famille New Age aux relents ésotériques (un adepte cite « la liberté cosmique vers un nouvel âge réminiscent »). Les deux sont alors sous les feux de l'actualité et occasionnent la prise en compte du phénomène par les parlementaires français quatre ans plus tard.

Si l'on s'en tient à cette perception, on a du mal à y placer La Famille, malgré les préventions qu'ont pu faire naître les articles et les livres parus. Comme il n'y a pas de chef unique, mais plutôt un ensemble de chefs de famille influents, on ne peut pas retenir le concept de « gourou ». D'ailleurs cette appellation est en général mal comprise : le mot signifie en sanskrit « vénérable » et désigne nombre de personnes que l'on veut honorer, par exemple, ses parents ou des personnes âgées, et aussi un maître spirituel, un guide issu d'une lignée d'autres qui vient aider au parcours spirituel que doit emprunter le fidèle. Ce n'est donc pas *a priori* un escroc, et on peut dire que les «anciens» de La Famille sont respectés tels les gourous hindous. Il n'y a pas non plus de problèmes liés à l'argent, puisque tous les enquêteurs ont reçu des témoignages de la solidarité qui se manifeste entre membres de La Famille; ce n'est d'ailleurs pas un motif d'accusation pour ses détracteurs. Le groupe est bien, enfin, une communauté religieuse, qui a, de surcroît, une déjà longue histoire, et le degré d'adhésion à ses préceptes est variable selon les individus. On comprend donc que chacun ait du mal à la cataloguer.

Un groupe «reconnu» officiellement comme «secte»?

Pour vérifier si un groupe est une secte, on pourrait aller voir ce que propose la Miviludes. Elle se réfère au rapport de 1995 de la commission d'enquête parlementaire sur les sectes en France qui a retenu dix critères – sur lesquels nous reviendrons –, mais ceux-ci ont été aussitôt critiqués par la communauté scientifique*. La Miviludes a d'ailleurs infléchi cette première approche en n'évoquant plus que des «dérives sectaires», des actes dangereux et non plus des groupes

* Massimo Introvigne et John Gordon Melton (dirs.), *Pour en finir avec les sectes. Le débat sur le rapport de la commission parlementaire*, Turin et Paris, éd. CESNUR-Di Giovanni, 1996.

dits « sectes », un terme dont elle reconnaît qu'il n'a pas de définition légale. Les critères sont issus d'une liste destinée au rapport de 1995 et établie auparavant par les Renseignements généraux, qui considéraient qu'un seul des dix suffisait pour qualifier un groupe de « secte ». La Miviludes juge qu'aujourd'hui « un seul critère ne suffit pas ». Dont acte.

Certains de ces critères sont de toute évidence prohibés par la loi : c'est le cas du « caractère exorbitant des exigences financières », même s'il avait mieux valu évoquer l'escroquerie (plus claire) ; des « atteintes à l'intégrité physique ; ou des troubles à l'ordre public », facilement repérables et que l'on peut qualifier juridiquement. En revanche la « rupture avec l'environnement d'origine » n'est pas illégale, sauf s'il s'agit d'une privation de la liberté de circulation : chacun peut choisir de rompre avec sa vie d'avant, ce que font d'ailleurs les communautés catholiques cloîtrées (cinq dans la capitale). Ne sont pas plus probants le « discours antisocial », qui relève de la liberté d'expression, ou l'« embrigadement des enfants », que tout groupe religieux, soucieux de la transmission de ses croyances et de ses principes applique : il aurait fallu le remplacer par le refus d'éducation, qui est, lui, illégal. Reste enfin la délicate et controversée « déstabilisation mentale », prolongée dans une loi de 2001 qui a créé un délit de sujétion psychologique (qui ne s'applique pas qu'au domaine religieux), mais se pose depuis le problème de sa mise en application : elle précise qu'est puni « l'abus frauduleux de l'état d'ignorance ou de la situation de faiblesse [...] d'une personne en état de sujétion psychologique ou physique résultant de l'exercice de pressions graves ou réitérées ou de techniques propres à altérer son jugement, pour conduire cette personne à un acte [...] qui lui est gravement préjudiciable». La Miviludes considère aujourd'hui qu'il s'agit d'un critère qui est «toujours présent dans les cas de dérives sectaires», et donne comme exemples des attitudes d'agressivité ou de repli sur soi, la manifestation d'un stress aigu, l'apparition de troubles psychosociaux, le repérage d'un prosélytisme agressif de la part d'un salarié. Même si de tels cas ont été jugés*, il est bien difficile de montrer en quoi la volonté a été altérée lorsqu'un individu adhère à une option religieuse et l'apprécie, même si la démarche nous déplaît. Ce serait d'ailleurs renier toute conversion à une spiritualité qui ne nous convient pas: où serait alors la liberté de conscience qui consiste à choisir les valeurs qui vont guider notre vie, l'un des piliers de la laïcité? Ce n'est que si cela se manifeste par des mises en danger de soi ou d'autrui que la démarche doit faire l'objet d'inquiétudes, et surtout de plaintes.

On comprend donc que tout cela n'aide pas à se faire une idée. Relevons quand même qu'il n'y a pas, comme le déplorait maladroitement le rapport, de définition juridique de la secte, pas plus d'ailleurs que des Églises, car la loi de 1905 de séparation a bien précisé, dès l'article 2, que «La République ne reconnaît, ne salarie, ni ne subventionne aucun culte», et seulement des cultes, quels qu'ils

* Par exemple, l'affaire dite des «reclus de Monflanquin»: une famille s'était retranchée dans son château et s'était fait dépouiller par un escroc qui lui avait annoncé qu'un complot la menaçait. Elle a été jugée en 2012 et 2013.

soient, même si vous les jugez ridicules ou dangereux, ce qui est subjectif. Et pourtant, les médias s'évertuent encore à signaler que tel ou tel groupe est « reconnu officiellement comme secte », car il a été inscrit sur la liste du rapport parlementaire de 1995, rapport qui n'est qu'indicatif, n'a pas force de loi, et comporte en outre de nombreuses erreurs grossières. Par exemple, on y trouve des informations obsolètes sur certains mouvements, des erreurs de nom pour d'autres, des jugements péremptoires, parmi les groupes catholiques, pour décider lesquels sont ou non légitimes, ou encore on y constate l'absence de groupes terroristes islamistes qui, pourtant, venaient de perpétrer des attentats en France entre juillet et octobre. La seule contrainte pour tous les groupes est, comme nous l'avons vu, qu'ils ne portent pas atteinte à l'ordre public « établi par la loi ». C'est, par exemple, au nom de ce principe que, selon un arrêté du Conseil d'État de 2000, les groupes locaux des Témoins de Jéhovah peuvent bénéficier du statut d'associations cultuelles. Le trouble à l'ordre public, qui pouvait leur être imputé, était en effet devenu caduc : auparavant les reproches portaient sur leur refus d'effectuer le service militaire ou un service civique (ils ne servent pas l'État), mais ces obligations avaient été suspendues en 1997. Pour ce qui est du rejet de la transfusion sanguine, il est rendu possible par la loi Kouchner de 2002. Ils profitent donc des exemptions d'impôts permises pour ce type d'associations, sont affiliés à la caisse de protection sociale des cultes, et peuvent proposer des aumôniers, ce qu'ils font, dans les prisons. On notera que La Famille n'est pas une association cultuelle et n'a donc pas accès à ce genre de bénéfices.

Les accusations les plus importantes vis-à-vis de La Famille viennent de trois sources. On a vu ce qu'il en était du billet de Guillaume de Fonclare, dans *La Croix*, très acerbe, qui la qualifiait de «secte, quoi qu'en disent ceux qui y appartiennent». On doit surtout y ajouter le témoignage public de Damien*, un ancien membre, et les propos tenus notamment par l'un des administrateurs «parti» du compte Facebook, administrateur qui se trouve être aussi l'un des informateurs très critiques de nombre de journalistes qu'il a de lui-même contactés. Son prénom est donné par Nicolas Jacquard : Alexandre. Entendons-nous bien : je ne juge pas la démarche de ces personnes qui ont quitté La Famille et dont certaines sont fondées à penser avoir des comptes à régler**, et je sais que leur parcours de vie a été compliqué. Cela est aussi le cas, plus généralement, de tous ceux qui se déclarent victimes d'une secte et que prennent en charge des associations spécialistes de cette question. En fait, les griefs

* «J'ai grandi dans la secte "La Famille"», *Le Speech de Damien*, publié sur Konbini'news par Lila Blumberg, le 18 août 2020. Il a aussi témoigné dans «Du mystérieux kibboutz de Pardailhan à la communauté parisienne», de Séverine Liatard et Séverine Casser, pour France Culture en 2017.

** Massimo Introvigne signale qu'en sociologie ce sont des «apostats», «qui écrivent contre leur ancien mouvement ou religion, contactent les médias, demandent des mesures politiques ou légales contre leurs anciens coreligionnaires» («Un nouveau livre sur "La Famille"», site Bitterwinter.org, https://bitterwinter.org/un-nouveau-livre-sur-la-famille/, 18 septembre 2021).

que les membres du groupe Facebook rapportent me permettent d'avoir un panel de ce qui peut être reproché à La Famille, sans que cela induise la définition de secte ; un terme que les médias, comme cela a été montré au début de cette étude, ont du mal à employer à son sujet, malgré les titres souvent aguicheurs. Or, ces récriminations portent d'abord sur la position du groupe à l'égard de la société.

Le fait qu'une communauté si discrète a pu exister en plein Paris depuis deux siècles a suscité l'étonnement. Il est vrai qu'un écart existe pour les membres de La Famille avec « ceux du monde », comme certains les nomment. Rappelons que les dogmes suivis poussent, en quelque sorte, à cet écart, mais celui-ci est assez mal expliqué par les observateurs.

L'identité du groupe repose sur la croyance que ses membres, par leur naissance (« la Providence »), puis leur éducation, ont la chance d'être avertis des desseins de Dieu pour une fin des temps attendue : ils en ont le « secret », et il ne peut y avoir de prosélytisme ni de nouveaux entrants par le mariage hors du groupe. Mais ils ne sont pas pour autant assurés d'être du nombre des élus, car seul Bon Papa est maître de leur destin, leur accorde sa grâce ou non, sans qu'ils aient connaissance de ce qui les touche personnellement. Les gentils, le monde, n'ont pas eu cette chance, mais cela n'interdit pas que certains puissent être eux aussi sauvés : Dieu seul le sait ! Suivre les consignes de vie du groupe n'est qu'une façon de se rendre digne de la grâce que l'on a peut-être reçue, rien de plus. Mais cela unifie puissamment la communauté, qui se reconnaît ainsi par la distance mise avec « les autres », d'autant que le monde (mais pas les gens individuellement), tel qu'il est perçu, est mauvais, source de viles tentations pour les détourner de la voie droite, un domaine où excelle le diable, ce que, d'après eux, l'actualité montre tous les jours (peu reluisante pour nous aussi, il faut le dire).

Se tenir à l'écart permet aussi de ne pas donner prise aux railleries, d'autant plus que La Famille ne vit pas en autarcie, à l'inverse d'autres groupes qui se sont, eux, vraiment coupés de la société* : ses enfants vont à l'école, les hommes (et de plus en plus les femmes) travaillent avec les gentils, et certains disent même appartenir à cette gentilité, car rappelons-le, seul Dieu connaît leur position : élus ou réprouvés. L'attitude qui est préconisée est donc la discrétion sur ce qu'est le groupe et ce qui s'y pratique ; de ne pas fréquenter les « étrangers » au-delà des bonnes relations quotidiennes (appréciées par ailleurs par leurs interlocuteurs) ; ne pas se faire remarquer non plus – ce que quelques-uns ont ressenti comme source d'un « malaise » permanent, voire l'apprentissage du mensonge dès le plus jeune âge, selon Damien. Mais la tentation de l'entre-soi est inversement rassurante, comme l'a décrit pour ce type de communautés le psychosociologue Eugène Enriquez : « Il est essentiel de noter, d'emblée, que le désir de former des communautés où il fait bon vivre entre personnes partageant les

* Par exemple, le Temple du Peuple, dont le dirigeant états-unien, Jim Jones, a conduit en 1977 les adeptes dans une communauté agricole au Guyana, où l'année suivante a eu lieu un suicide collectif accompagné de meurtres.

mêmes valeurs, des coutumes similaires, ayant parfois des liens de parenté et, en tout état de cause, de proximité, nouant des liens de convivialité, est une exigence sociale fondamentale*... » Et il est vrai que La Famille propose une forme de « bien-être » : aides aux déménagements, à la recherche d'un emploi, pour se meubler ou trouver des partenaires de tous âges pour les loisirs, caisse d'entraide aussi, et prêts divers, etc. C'est un réseau efficace, confortable, que Nicolas Jacquard qualifie de « brigade du kif », par lequel la communauté se suffit à elle-même et propose sa propre socialisation. Un internaute de La Famille, « Lucien », qui a expliqué combien il lui était difficile de laisser partir ses enfants en classe verte (comme beaucoup de parents ordinaires, précise-t-il), termine par cette définition de sa communauté : « Un réseau social, soudé par les liens familiaux autour d'une espérance commune, d'intérêts communs, dans une totale liberté de conscience, évangélique, de perfection. » (Psaume 132 : « Qu'il est doux à des frères de vivre ensemble dans l'union... ».**)

Une forme de contrainte est pourtant dénoncée par des « partis » : le manque d'une totale liberté de quitter La Famille, en attestent leurs difficultés pour en sortir. Les témoignages qui font état de cette douloureuse

* « Le refus du trouble ou vivre entre soi jusqu'à en mourir », dans *Sectes*, Paul Denis et Jacqueline Schaeffer (dirs.), Paris, 1999, éd. PUF, collection « Débats de psychanalyse », p. 11.
** « Chant des montées. De David », psaume 133 dans la Traduction œcuménique de la Bible qui suit le texte hébraïque, et non la vulgate latine traditionnelle utilisée ici.

expérience sont légion. Ceux que j'ai reçus évoquent un « chantage affectif », la rupture entraînant la perte de contact avec la proche famille, parents et fratrie, puis de tous ceux avec lesquels ils ont partagé, depuis la naissance, de bons moments. Souvent, ils parlent du « qu'en-dira-t-on » qui sévit à l'intérieur de La Famille : à entendre comme l'expression d'une espèce de honte rejaillissant sur des parents en faillite dans leur éducation et dont l'enfant ose ainsi s'éloigner de tous les préceptes communs. Enfin la « peur de l'inconnu », l'idée de devoir apprendre des codes que l'on ne maîtrise pas, d'être soi-même « un étranger » dans une nouvelle vie, tout cela peut rebuter, et même faire revenir quelques « partis » désabusés. S'il n'y a pas d'autorité centrale dans La Famille, il en existe une autre, collective, « chacun exerçant un contrôle sur les autres », comme en témoigne une adepte en expliquant que, lorsqu'on envisage des sorties avec des copains « du monde », il vaut mieux éviter les lieux fréquentés par les « cousins », comme la place de la Nation, sous peine d'alimenter aussitôt les « cancans » en interne. En cas de rupture, ou même de velléité de rupture, nombre de parents ou de « cousins » tentent de dissuader celui qui va fauter, en lui imputant, par exemple, les malheurs qui frappent son entourage, ce que certains « partis » ont présenté sur la fameuse page Facebook comme du harcèlement, fait de menaces « explicites ». Arnauld Déchelette raconte même que son père est subitement apparu le matin de son nouveau baptême au culte évangélique qu'il fréquentait et a déclaré, d'une voix grave : « Arnauld est déjà baptisé. » Puis des membres de sa famille ont différé le déroulement d'un rite de l'après-midi en faisant « un mur » devant le bâtiment.

Enfin, toute communication est rompue avec celui qui est devenu un indésirable, mais ce principe est de moins en moins respecté, notamment lorsque les membres se sont éloignés sans provoquer de scandale, ou si l'on n'ébruite pas le fait qu'on fréquente encore l'un des bannis.

Finalement, il n'y a dans tout ça rien que de très normal dans ce type de situations. La Famille se comporte comme tout groupe très investi dans la foi au cœur de son identité. Je vous invite à aller voir ce qu'il en est du côté des juifs ultraorthodoxes, des plus fondamentalistes des musulmans, des catholiques très traditionalistes, et de tant d'autres de toutes les confessions sans exception. Dans le domaine de la recherche, on dit qu'il s'agit d'une communauté « extra mondaine » qui entend vivre autrement qu'une société qu'elle rejette ou craint, car le monde meilleur est ailleurs, à venir. Dans les années 1960, un ancien adepte décrit son foyer sans radio ni télévision ou magazines, pas de voiture, pas de sorties cinéma, ce qui rappelle la situation – bien plus extrême – des amish (popularisés par le film *Witness* en 1985), dont la première règle est : « Tu ne te conformeras point à ce monde qui t'entoure. » Quitter La Famille, c'est donc à la fois partir vers l'erreur et mettre en danger la cohésion nécessaire pour affronter les dangers qui se présentent, marques tangibles de la fin. Mais les temps changent...

C'est bien plus le mode de vie de La Famille qui est dénoncé par ses détracteurs ; comme il s'agit de la base même des règles imposées par Mon Oncle Auguste, les fameuses « frontières », ce mode de vie est le plus privilégié.

Les descriptions fournissent d'abord une image peu reluisante, voire passéiste, de ce qu'est la vie familiale quotidienne. Les femmes semblent destinées à n'être que des mères de famille nombreuse. Reléguées aux tâches ménagères, et, pour celles qui le peuvent, obligées de travailler « à façon », à la maison, comme couturières, elles sont coupées du contact avec l'extérieur – d'autant plus qu'elles ne sont pas admises aux réunions au bistrot ni aux enterrements. Les plus âgées et célibataires, dites « les tantes », s'occupent également des enfants de leurs sœurs – auxquels elles prodiguent l'instruction s'ils ne vont pas à l'école – et se font à l'occasion copistes de textes de La Famille, d'après Suzanne Privat. Cependant, tout cela relève de témoignages de « partis » concernant une époque passée, jusqu'aux années 1990, ou de l'organisation, toujours actuelle, de la minorité fondamentaliste. Il semble en effet qu'aujourd'hui ce tableau soit moins vrai, notamment grâce au nombre grandissant de femmes qui travaillent à l'extérieur.

Beaucoup plus grave, des accusations de sévices sexuels sur mineurs ont été portées, notamment via le site Facebook : ils ont été perpétrés par des proches et n'ont jamais été dénoncés, « tabou dans le tabou », indique un interlocuteur de Mme Privat. « Personne n'en parle jamais », « il ne fallait pas faire d'histoires » et ne pas impliquer la justice, ajoute une autre source à Nicolas Jacquard. Nul coupable n'a été, semble-t-il, sanctionné en interne, voire les faits ont été tout simplement niés, comme une « vérité insupportable », précise « Lucien ». Cependant la Miviludes fait quand même état d'une adolescente de La Famille qui a été placée en famille d'accueil après avoir été victime d'abus sexuels, et une procédure judiciaire est en cours, d'après Nicolas Jacquard. Rappelons que ce phénomène abominable touche toute la société et n'est pas le propre de La Famille : des enquêtes récentes ont montré que la moitié des victimes mineures (et une fille sur vingt !) l'a été par un membre de son cercle familial ou par son entourage proche*, et que, dans les milieux fermés, ces faits ont été longtemps tus, ce qui a été à l'origine du mouvement « #Me too » en 2007 pour les femmes en général, enfin que la non-dénonciation constitue un délit puni de trois ans d'emprisonnement. C'est là un point noir de la culture du groupe, déploré par quelques-uns de ses membres, et qu'ils se doivent de régler.

Tout autre est celui des problèmes issus de la consanguinité instituée en règle fondamentale par La Famille, en quelque sorte son essence même. En France, le mariage entre cousins, même germains, n'est pas interdit. Mais on connaît bien les difficultés que cette situation

* Claire Scodellaro, Alice Debauche et Amélie Charruault, « L'ampleur des violences sexuelles intrafamiliales par les chiffres », Slate.fr, 9 février 2021.

entraîne : le risque de malformation cardiaque ou cérébrale double, de même que celui d'une maladie génétique chez les enfants issus de couples de cousins germains, où chacun est porteur d'un gène de la maladie. Une étude de la revue scientifique médicale britannique *The Lancet*, en 2013, a établi que, dans une communauté pakistanaise où les mariages endogames sont fréquents, les risques étaient de 6 % contre 3 % pour les autres familles. Les membres de La Famille n'y échappent bien évidemment pas, mais il est difficile d'en connaître la fréquence d'autant plus qu'il y a peu de signalements aux autorités médicales : d'une part ces épreuves sont vécues comme étant la volonté de Dieu, ce qui éloigne les membres d'un recours à la médecine en général, d'autre part, dans de nombreux cas, il n'y a pas de traitement si bien que ce n'est que lorsqu'une aggravation survient, notamment parce que l'immunité est faible, que les services médicaux sont sollicités. La maladie la plus évoquée est rare dans la population : le syndrome de Bloom, dont, selon Nicolas Jacquard, une quarantaine d'individus sont victimes, ce qui représenterait 1 % des membres de La Famille ; mais il est, semble-t-il, plus prégnant dans quelques foyers. Les plus touchés sont les adultes atteints de nanisme, dit « harmonieux », caractérisé par une petite taille. Il entraîne une intolérance cutanée précoce à la lumière, des anomalies morphologiques, parfois des troubles de l'apprentissage, mais surtout un déficit immunitaire causant une mortalité prématurée due à des leucémies, des tumeurs malignes ou des infections pulmonaires. La solution pourrait être le recours à des consultations prénatales, mais le refus de l'avortement (« crime contre une œuvre de Dieu ») rend la démarche inutile. On peut le regretter, mais cela reste de l'ordre du choix personnel de chacun. Quelques-uns dans La Famille se soucient des degrés de parenté trop importants lors des mariages, mais d'autres croient qu'avoir un nombre important d'enfants dilue la possibilité de maladie, et d'autres sont dans un regrettable déni. Une visite chez un généticien avant de contracter un mariage pourrait permettre de vérifier la présence de « mauvais gènes » chez les deux promis ; encore une fois, le mariage entre cousins n'étant pas interdit, il n'existe pas d'autres solutions. Les soignants interrogés, et certains qui m'ont contacté, ont tous témoigné en tout cas du soin extrême dont sont entourés les malades auxquels ils ont eu affaire : de véritables planifications sont faites pour que les plus dépendants ne manquent de rien. D'ailleurs, certaines situations sont désormais signalées par les parents eux-mêmes aux services sociaux afin que les plus modestes puissent percevoir les aides. Cela dit, cette situation se retrouve dans nombre de ce que l'on nomme des « isolats génétiques » : dans certaines communautés juives ultraorthodoxes ou quelques familles tziganes qui pratiquent l'endogamie, ou parmi les familles les plus anciennes de La Réunion isolées dans les « Hauts » de l'île, par exemple.

Reste le seul écueil pointé par la Miviludes dans sa note d'information sur La Famille du 4 juillet 2017 : elle appelle à la vigilance sur « la situation des mineurs élevés dans ce contexte », sans y voir pour autant de réelles dérives sectaires. Il est vrai qu'elle avait été saisie précisément sur ce sujet deux ans auparavant par un père « parti » de La Famille qui s'alarmait « de l'influence qu'elle exercerait sur son ex-épouse et, par voie de conséquence, sur l'éducation et le développement des enfants». Mais les «inquiétudes» exprimées par l'organisme intergouvernemental portent sur des pratiques qui, même si on peut les déplorer, relèvent du choix éducatif des parents, notamment sur la vision négative du monde extérieur, la poursuite d'études entravée, puis une vie de famille, avec conjoint et enfants, qui commence tôt. Une de ces inquiétudes est quand même mise en avant: «L'isolement par rapport au monde extérieur constitue une menace d'un point de vue psychologique, mais également social, pour l'avenir de ces enfants», ce qui peut être l'ébauche d'une possible dérive sectaire. Elle est associée à «une pression importante et culpabilisante» venant du groupe qui empêche ces enfants de «se confier», et de bénéficier de l'aide dont ils pourraient avoir besoin. Mais les démarches entreprises par le père des quatre enfants n'ont pas eu plus de suite que cette note, pas davantage devant la justice. En outre, Suzanne Privat a bien montré que les jeunes de La Famille étaient, comme leurs semblables, des utilisateurs compulsifs des réseaux sociaux, ce qui les intègre bien au «monde».

Cela dit, ces craintes liées à l'éducation des enfants ne pourraient-elles pas être étendues à bien d'autres situations? Nombre de groupes évangéliques éduquent eux aussi religieusement leur progéniture dans une lecture apocalyptique de la destinée du monde, davantage que dans une «vision apocalyptique du monde extérieur», comme l'écrit maladroitement la Miviludes; une lecture qui, rappelons-le, fait partie du christianisme, même si elle est quelque peu édulcorée dans le catholicisme. D'ailleurs, bien d'autres traditions fondamentalistes considèrent que la société dans laquelle vivent leurs adeptes est mauvaise et qu'ils doivent s'en méfier, une tendance que Gilles Kepel a vue se développer dans le contexte de crise économique et sociale des années 1970 au sein de tous les grands mouvements religieux*. D'autre part, n'y a-t-il pas une erreur d'appréciation sur le mot « apocalypse » lui-même, qui veut dire « révélation » (sur la fin des temps), mais est compris généralement comme « catastrophe » imminente.

Quoi qu'il en soit, la liberté de conscience est dite « assurée par la République » dans l'article premier de la loi de séparation des Églises et de l'État de 1905, et la Convention internationale relative aux droits de l'enfant, établie par l'ONU en 1989, rappelle « le droit et le devoir des parents ou, le cas échéant, des représentants légaux de l'enfant, de guider celui-ci dans l'exercice de sa liberté de religion » (article 14). Les seules limites en ce domaine sont, comme pour tout droit, la mise en danger de l'enfant selon les critères définis par le législateur, ce que les tribunaux nomment « un impact négatif considérable sur l'enfant », et, comme le précise le Code civil : lorsque « la santé, la sécurité ou la moralité d'un mineur non émancipé sont en danger, ou si les conditions de son éducation ou de son développement physique, affectif, intellectuel et social sont gravement compromises ». C'est ce qui vaut à nombre de plaignants dans des cas

* *La Revanche de Dieu. Chrétiens, juifs et musulmans à la reconquête du monde*, Paris, éd. Seuil, 1991.

de divorce d'être déboutés lorsque le conjoint, qui a la garde des enfants, continue à prodiguer un enseignement religieux qui ne lui convient plus : les dangers ne sont pas assez caractérisés, trop subjectifs souvent.

Donc, on peut déplorer des attitudes, s'en inquiéter, même, comme le fait la Miviludes. Vous pouvez très bien juger que La Famille est une secte si ça vous chante, au regard de ce que vous en avez appris, et c'est ce que nombre de lecteurs de la page Facebook qui lui est consacrée ont d'ailleurs fait. On a ici l'expression du « sens commun » que retenait le rapport parlementaire de 1995. Dans *Le Parisien*, le groupe a été taxé d'un curieux « secte passive » par une ancienne adepte, à moins qu'elle n'utilise la conception sociologique de cette dénomination qui désigne, comme avec les Témoins de Jéhovah, une communauté qui ne suit pas les préceptes de la société et se place dans une attente millénariste, mais, dans le cas des jéhovistes, en faisant du prosélytisme. De mon côté, et même si l'on me pose très souvent la question, je me place en tant que chercheur et ne juge pas des opinions si leur mise en pratique ne contrevient pas à la loi. De manière un peu provocante, je l'avoue, je réponds même qu'une secte ça n'existe pas, afin de souligner que cette désignation est purement subjective et n'a aucune existence légale : je préfère que l'on parle de « groupe dangereux », ce qui oblige à nommer les dangers et à distinguer ceux qui, effectivement, « portent atteinte à l'ordre public », comme le dit la loi. En outre, l'un de mes professeurs, devenu collègue, a eu cette réponse que je reprends à mon compte : « Mes convictions ne déterminent pas le contenu de mes travaux. Ce que j'écris et ce que je vous dis, tout historien peut y souscrire. S'il y a débat entre nous, il porte sur nos grilles d'analyse, pas sur nos opinions ou nos croyances*. »

S'il y a danger, la décision d'ostraciser tel ou tel groupe ne peut venir que de la justice, non d'une mise à l'index médiatique. La vigilance est donc bienvenue, d'un côté comme de l'autre.

* Il s'agit de Claude Prudhomme, qui répondait à la sollicitation de Jean Delumeau (dir.) pour *L'Historien et la foi,* Paris, éd. Fayard, 1996, p. 237.

Et maintenant ?

La mise en lumière de La Famille a quelque peu bouleversé son univers. Le conseil de frère Ottin, « il faut se cacher dans le secret », en a pris un coup. C'est là que l'expertise historique peut se révéler utile. Un historien ne prédit pas l'avenir, d'ailleurs qui le pourrait ? Contrairement à ce qu'on lit çà et là, l'histoire ne donne pas non plus de leçons toutes faites pour éclairer le présent, tant les situations sont complexes, et donc non comparables. Dans le meilleur des cas, elle permet de mieux connaître, et comprendre, ce que sont les ressorts qui guident les humains, quel est le cheminement qui les a menés là, voire quelles sont les possibilités qui s'offrent à eux. C'est le cas du religieux, quel qu'il soit. Il reste toujours présent chez la plupart d'entre nous, même profondément enfoui et sous toutes ses formes, car il offre une réponse aux deux interrogations essentielles qui taraudent l'humanité : pourquoi le hasard ? Qu'est-ce que la mort ? À l'issue du parcours que je vous ai proposé afin de mieux éclairer votre lanterne de curieux, et en comparant avec d'autres situations similaires, nous pouvons donc autopsier, « à la lumière de l'histoire », ce qu'est La Famille, qui aujourd'hui semble franchir une nouvelle étape.

La première leçon porte sur une diversité bien plus importante que ne le laissent supposer certains papiers rapides aux titres accrocheurs. Il s'agit d'abord d'une communauté humaine semblable à toutes les autres, comme l'a si bien dit un certain Basile à Suzanne Privat : « On y trouve tout l'éventail de l'humanité, des gens très brillants comme des abrutis, de parfaites ordures et de vrais gentils. » Au-delà, la pluralité est tout aussi religieuse, malgré ce que l'on pourrait penser : on y retrouve les habituelles nuances de tout groupe religieux (je vous laisse vérifier avec celui que vous voulez), sachant qu'un même individu peut passer de l'une à l'autre des options au cours de sa vie. Ce sont d'abord les plus intransigeants, rigides sur les principes et les rites qu'il faut respecter à la lettre sous peine de ne plus être dans la Vérité établie à l'origine : c'est ce qu'on appelle un « fondamentalisme strict », la base pour La Famille étant les règles posées par Mon Oncle Auguste. Pour eux, minoritaires, mais très actifs, tout changement est une concession au monde mauvais, la perte d'une identité qui fait la communauté, qu'il s'agit de maintenir jusque dans les moindres détails de la vie. Ils fustigent donc les simples relâchements et toutes les entorses, et sont intraitables avec les « partis », quoi qu'il en coûte. Régulièrement, des « inspirés » viennent d'ailleurs révéler que Dieu dénonce un trop grand relâchement et qu'il faut une thérapie de choc, l'abandon des réunions aux Cosseux, par exemple, qui ressemblent trop à une grande kermesse, une sorte de fête patronale. À l'opposé se trouvent les libéraux. Dans leur conception de La Famille, la communauté est tout autant à préserver, mais ils ont fait le choix de ne garder que l'essentiel en étant moins regardant sur ce qu'ils jugent plus accessoire. En résumé : maintien sans faille des pratiques religieuses, moindre souci pour certains préceptes de vie qui semblent dépassés, comme on l'a vu à propos des règles vestimentaires dans la vie quotidienne. Ils sont aussi plus souples vis-à-vis de ceux qui ont quitté La Famille.

Enfin une troisième tendance est bien plus difficile à cerner ; elle avait été perçue au début du XIXe siècle par le curé de Fareins, et je l'ai rencontrée dans chacun des autres groupes étudiés. Il y a toujours une part de croyants « par habitude », plus ou moins fidèles aux règles, qui sont un héritage familial et un rituel de vie, à l'aise dans cette sociabilité agréable, ou n'ayant qu'une connaissance simple, voire simpliste, des croyances – comme l'une d'elles rapportée parfois par des parents que Bon Papa va faire venir auprès de lui les membres de La Famille au moment de la fin du monde. Un « parti » me déclarait que, chez lui, on ne parlait jamais des jansénistes et que les croyances étaient quelque peu « confuses ». D'ailleurs, combien se rendaient réellement aux Cosseux avant la fermeture pour cause de Covid ? Si le chiffre de quatre mille membres au total est exact, ce qui serait à vérifier sérieusement, c'est davantage que les places disponibles dans le stade de la ville moyenne où j'habite et dix fois plus que la capacité de la plus grande de ses salles des fêtes. Au vu des photographies qui circulent et qui montrent l'une de ces réunions, je dirais qu'il n'y a pas plus de deux à trois cents participants. Mais tous ne viennent peut-être pas en une fois, ce qui n'aide pas non plus à resserrer les liens communautaires et donne l'impression qu'il y a des sortes de « clans », des témoins me l'ont confirmé. On peut voir, dans ce que les plus stricts qualifient de laxisme, un effet du manque d'une éducation religieuse commune, chaque foyer s'en remettant au père, et les livres n'étant pas toujours accessibles à tous. Nicolas Jacquard nous apprend d'ailleurs que des érudits de La Famille élaborent un catéchisme et un livre de liturgie qui lui soient propre afin de pallier ce manque. Ce moindre investissement est aussi un effet de l'éloignement géographique à cause du travail ou des loyers trop élevés, ce qui pousse de plus en plus d'adeptes à habiter loin de la rue de Montreuil, et, par conséquent, à relâcher quelque peu les liens. Les seuls autres groupes issus de l'Œuvre qui maintiennent aujourd'hui leurs effectifs sont ceux restés urbains eux aussi, et plutôt concentrés, soit les quelques centaines d'anticoncordataires de Lyon et les béguins de Saint-Jean-Bonnefonds, commune désormais intégrée à l'aire de Saint-Étienne. Chez eux, les naissances nombreuses compensent les départs depuis plus d'un siècle. Ceux plus ruraux ont pâti entre 1850 et 1960 de l'exode rural, à l'exception des blancs du Charollais.

Il ne faut pas oublier non plus que tout groupe évolue avec les changements culturels et sociaux qui l'entourent, même s'il entend être à l'écart. On l'a vu, La Famille vit bien plus avec son temps que dans les années 1960, ce qui est sans doute aussi l'effet de la disparition des générations qui ont connu Mon Oncle Auguste. Il reste à tous une base commune de croyances, l'attente d'Élie et de la fin du monde (pour faire court), la conscience d'être des privilégiés dans la connaissance des plans de Dieu sans être certains de la destinée de chacun, la crainte de trop subir les affres du « monde », l'attention portée aux signes divins, ainsi que l'union à l'intérieur de la communauté... La médiatisation a obligé ses membres à se questionner sur ce qui peut paraître comme ayant été annoncé, une alerte qui pourrait être salutaire, pour quelques-uns une occasion de tourner la page « Auguste » et de s'adapter, sans rien renier de leur identité profonde issue des grands anciens, au premier rang desquels figurent ceux des amis de Port-Royal, également persécutés pour la Vérité. « Lucien » s'est interrogé en faisant le parallèle avec la situation des amish. Eux aussi ont connu au XXe siècle une forte augmentation de leurs membres par la grâce de nombreuses naissances (et de la baisse du taux de mortalité*), et se sont adaptés en créant de petites communautés de culte autonomes. Jacquard mentionne de nouvelles initiatives quelque peu dissidentes, une nouvelle caisse d'entraide, une nouvelle Soupe, et, par nécessité sanitaire, des réunions plus restreintes, que certains ont appréciées. N'y aurait-il pas des discussions entre les plus influents sur ce qui serait nécessaire afin de ressouder l'ensemble ?

La Famille n'entre pas si facilement dans les cases que nous nous sommes faites. Elle est très unie dans l'adversité, mais pas tant que cela à l'intérieur. On a pu lui reprocher son exclusivisme et les conséquences de celui-ci, mais il est difficile de la qualifier de groupe

* Contrairement à ce qu'on peut lire çà et là, il est impossible d'établir pour La Famille ce qu'est l'espérance de vie de ses membres en l'absence d'un ensemble de données significatives.

dangereux en soi. Va pour « secte » pour ceux qui le veulent : on l'a vu, l'expression est frappée de subjectivité. Mais attendre une intervention des pouvoirs publics est bien chimérique et, pour tout dire, bien français ! Ce n'est pas tant une accusation portant sur notre habitude de nous en remettre pour tout à l'État (quoi que...) que le constat que nous restons toujours méfiants dès qu'il s'agit de religion ou de religieux, comme une sorte de soupçon que cela va être nécessairement nuisible à la société. Comme l'a bien dit l'éminent historien et sociologue Émile Poulat, l'État ne reconnaît pas les cultes, mais il les connaît. Leur liberté est donc l'une des bases essentielles de notre démocratie, et, comme toute liberté, les seules limites sont celles d'éventuelles nuisances que tel ou tel pourrait porter à notre vivre ensemble, ce qui se pratique dans les pays... démocratiques justement, et sans problème.

Rejetons donc les seules actions nuisibles en les soumettant au glaive de la justice afin de laisser tout un chacun croire en paix et faire ce qu'il veut, même si cela ne nous plaît pas. De mon côté, je vais continuer à suivre la destinée si intéressante de ces « catholiques malgré Rome »*, en historien.

* C'est le sujet d'une autre de mes études, parue en juin 2022 aux éditions du Cerf : *Catholiques malgré Rome. Des croyants infidèles en France (XIX*e*-XXI*e *siècle).*

Table des matières

Cet ouvrage a été imprimé par
CPI Firmin Didot
pour le compte des éditions Plein Jour
16 bis, rue d'Odessa, Paris XIVe
en juillet 2022

Dépôt légal : octobre 2022
N° d'édition : 1080 – N° d'impression : 170888
Imprimé en France